Disciplina e Forza Mentale

Costruisci la Fiducia in te Stesso per Sbloccare Coraggio e Resilienza!

(Con un Manuale in 10 Passi e 15 Esercizi per Raggiungere i propri Obiettivi e Cambiare Vita!)

MASTER.TODAY

Roger Reed

Introduzione

Cos'è che distingue le persone di maggior successo dalle altre? La capacità di lavorare duramente ovviamente è significativa. Così come una chiara visione di ciò per cui si lavora. Ma c'è un'altra caratteristica, meno ovvia, che praticamente ogni persona di successo, in qualsiasi campo, ha: la forza mentale.

Non importa che tu sia imprenditore o atleta, insegnante o studente. Il successo non arriva facilmente: per raggiungerlo, in qualsiasi campo, devi superare ostacoli e affrontare problemi. La forza mentale consiste nel modo in cui si reagisce alle avversità: il fattore più importante che determinerà se alla fine si avrà successo o si fallirà.

La forza mentale è un superpotere

«La nostra più grande debolezza sta nel rinunciare. Il modo più sicuro di avere successo è sempre quello di provare ancora una volta».

- Thomas Edison

Film, televisione e fumetti sono pieni di supereroi, persone dotate di speciali poteri che la maggior parte delle persone non ha. Sfortunatamente, non si impara a diventare un supereroe. Ma puoi imparare un superpotere che ti darà un vantaggio sulla maggior parte delle persone: la forza mentale.

Questo potere ha molti nomi, tra cui resilienza, tenacia, grinta, durezza, determinazione o disciplina. Non importa come lo chiami. Ciò di cui stiamo parlando è uno stato d'animo che ti permette di vedere dove vuoi arrivare e di superare le barriere che si trovano tra te e la meta. Non sarà facile e ci vorrà del tempo, ma se seguirai la guida di questo libro imparerai a cambiare la tua vita.

Con la forza mentale non si nasce. Gli studi dimostrano che è una cosa che si può imparare[1], ed è la differenza più importante tra successo e fallimento. La citazione all'inizio di questa sezione è di Thomas Edison, uno degli inventori più prolifici e di successo che il mondo abbia mai visto. Le invenzioni di Edison sono state responsabili di progressi quali l'energia elettrica, la registrazione del suono e persino il cinema. Senza le invenzioni di Edison, il mondo sarebbe un posto molto diverso.

Ma Edison non era mica un genio che viveva di momenti ispiratori alla "eureka" che lo rifornivano di nuove idee. Ha lavorato metodicamente, testando molte idee e accettando che la maggior parte di queste non sarebbero diventate invenzioni di successo. Una volta affermò che ogni invenzione di successo arriva solo dopo aver testato diecimila idee. Edison aveva la forza mentale di perseverare di fronte alle avversità, sapendo che se avesse continuato alla fine avrebbe trovato il successo. Quella perseveranza cambiò il mondo e fece di Edison un multimilionario. Anche tu puoi imparare a pensare come lui.

---

[1] *Adapting to Stress: Understanding the Neurobiology of Resilience*, Carlos Osorio, *Behavioral Medicine*, aprile 2016, King's College, Londra

Questo libro parla di agire, non solo di pensare

Il pensiero è la base essenziale di tutto ciò che facciamo, e la pianificazione è una parte importante di un'azione efficace. È fin troppo facile impantanarsi nel pensiero e nella pianificazione e non passare mai all'azione. Così, nell'illustrare brevemente le teorie dietro la forza mentale, questo libro si concentrerà sulle cose che puoi effettivamente fare per cambiare la tua vita.

È un'idea spaventosa. Dopotutto, l'unico modo sicuro di evitare il fallimento è non fare mai nulla. Se non si prova, non si può fallire. Ma se non provi, non puoi nemmeno avere successo. Questo libro ti dirà come costruire la mentalità e le abitudini che danno forza mentale. Così ti aiuteremo a raggiungere ciò che ti sei prefissato di fare, anche se forza mentale non significa non fallire mai. Imparerai invece ad affrontare i fallimenti in modo costruttivo e positivo e a usarli come un passo sulla strada del successo a lungo termine.

Come usare questo libro

Alla fine del libro troverai degli esercizi a cui si fa riferimento nel testo. Se sei come la maggior parte delle persone che leggono libri come questo, probabilmente sarai tentato di ignorarli.

Non farlo.

Questi esercizi fanno parte della costruzione delle abitudini e della mentalità necessarie per sviluppare la forza mentale. La maggior parte degli esercizi non richiede molto tempo, e ti aiuterà a passare dal pensiero dell'approccio all'applicazione effettiva della forza mentale nella tua vita.

Ricorda che questo libro non si limiterà a cambiare il tuo modo di pensare, ma anche il tuo modo di agire. Gli esercizi sono un elemento importante dell'approccio.

Sei pronto ad avere successo?

Come fai a sapere se hai bisogno di sviluppare la forza mentale? Beh, è abbastanza semplice. Sei soddisfatto della tua vita e, in particolare, sei contento dei progressi che stai facendo verso obiettivi di vita definiti? La forza mentale non si usa solo nella carriera. Riguarda anche le relazioni, la genitorialità e ogni altro aspetto dell'esistenza. Se puoi rispondere onestamente "*Sì*", non hai bisogno di questo libro. Davvero. Hai già forza mentale, e forse dovresti pensare a scrivere il tuo, di libro...

Per la maggior parte di noi, il successo è meno facile da raggiungere – e persino da definire. Parliamo spesso di successo in questo libro, ma il significato della parola è personale. Forse si tratta di fare abbastanza soldi per mantenere la famiglia, gestire un'attività di successo o crescere figli sicuri e soddisfatti. Che cos'è il successo per te?

Molte persone trovano difficile definire il successo. Ci mancano obiettivi chiari e l'audacia necessaria per prendere le decisioni che possono cambiarci la vita. Siamo passivi, dove possiamo evitiamo stress e problemi e accettiamo opzioni di ripiego. Non fare così!

Questo libro ti insegnerà:

- a prendere il controllo della tua vita;
- a superare la paura e affrontare efficacemente lo stress;
- ad affrontare positivamente i problemi e i fallimenti;
- ad applicare l'approccio di forza mentale usato dai Royal Marines;
- a rendere la forza mentale un'abitudine.

Costruire la forza mentale richiede tempo e sforzo. Proprio come si costruiscono i muscoli, costruire la forza mentale richiede tempo e ripetizioni, ma se sei pronto a seguire questa guida passo dopo passo, potrai cambiare la tua vita in modo permanente e in meglio.

Vuoi un superpotere? Sei pronto a dare avvio alla costruzione della forza mentale che ti permetterà di avere successo dove gli altri falliscono? Vuoi cambiare la tua vita?

Allora, cominciamo!

IL TUO REGALO

Vorremmo farti un regalo per ringraziarti di aver acquistato il libro. Puoi scegliere tra uno qualsiasi degli altri nostri titoli pubblicati.

Puoi avere accesso immediato a qualsiasi nostro libro cliccando sul link qui sotto e iscrivendoti alla nostra mailing list:

https://campsite.bio/mastertoday

Copyright 2021 by MASTER.TODAY - Tutti i diritti riservati.

Questo documento ha lo scopo di fornire informazioni accurate e affidabili riguardo al tema e all'argomento trattato. La pubblicazione è venduta con l'accordo che l'editore non ha alcun obbligo di fornire servizi contabili, ufficialmente autorizzati o altrimenti qualificati. Se è necessaria una consulenza, legale o professionale, occorre rivolgersi a un professionista – da una dichiarazione di principi accettata e approvata in egual misura da un comitato dell'American Bar Association e da un comitato di editori e associazioni.

In nessun caso è permesso riprodurre, duplicare o trasmettere qualsiasi parte di questo documento, in forma sia elettronica sia stampata. La riproduzione di questa pubblicazione è severamente vietata, e la conservazione di questo documento non è consentita se non con il permesso scritto dell'editore. Tutti i diritti riservati.

> YOU DIDNT COME THIS FAR TO ONLY COME THIS FAR

Indice

Introduzione 3

IL TUO REGALO 8

Indice 11

Capitolo 1: cos'è la forza mentale e perché è importante? 13

Capitolo 2: gli elementi della forza mentale 25

Capitolo 3: superare le paure 38

Capitolo 4: l'applicazione precisa della volontà – imparare a pensare come un Royal Marine 46

Capitolo 5: sviluppare la forza mentale 57

Capitolo 6: lista di controllo in 10 passi per la forza mentale .81

Esercizi 92

Esercizio 1: i nemici della forza mentale 93

Esercizio 2: emozioni negative 94

Esercizio 3: empatia 96

Esercizio 4: affrontare il fallimento 98

Esercizio 5: dare un nome alla paura 99

Esercizio 6: qual è la cosa peggiore che può succedere? 100

Esercizio 7: test di umiltà.. 101

Esercizio 8: cos'hai imparato oggi?..................................... 103

Esercizio 9: fissare obiettivi personali................................ 104

Esercizio 10: cose di cui essere grati................................... 106

Esercizio 11: autodisciplina 107

Esercizio 12: noia... 109

Esercizio 13: capire quando fermarsi 110

Esercizio 14: ascoltare e dirigere il critico interiore............ 111

Esercizio 15: identificare un comportamento da cambiare 113

Conclusione..114

IL TUO REGALO..118

Capitolo 1: cos'è la forza mentale e perché è importante?

Ci sono diverse definizioni di forza mentale. L'American Psychological Association definisce la resilienza (il termine che usano per descrivere la forza mentale) come:

"Il processo di adattarsi bene di fronte ad avversità, traumi, tragedie, minacce o fonti significative di stress[2]."

Il Journal of Applied Sport Psychology la definisce come:

"Avere il vantaggio psicologico, naturale o sviluppato, che permette di affrontare le avversità generalmente meglio degli avversari[3]."

Il rispettato psicologo clinico e della performance dottor Jonathan Fader la chiama:

"Essere in grado di superare i fallimenti rimanendo positivi e competitivi[4]".

Il tema centrale di queste definizioni è chiaro. Forza mentale non significa evitare lo stress o le avversità né diventare un automa senza emozioni. Definisce invece la

---

[2] *Building Your Resilience*, AA.VV., sito web dell'American Psychological Association, 2012.

[3] *What is This Thing Called Mental Toughness?* Jones, Hanton, & Connaughton, Journal of Applied Sport Psychology, 2002

[4] *What is Mental Toughness?*, Dr Jonathan Fader, sito web di *Sport and Performance Psychology*.

risposta data ai problemi della vita. Perseveri o ti arrendi? Imparare ad andare avanti di fronte alle avversità è l'elemento centrale della forza mentale e la principale differenza tra chi ha successo e chi fallisce. Entrambi i tipi di persone vivono avversità e battute d'arresto, ma chi è mentalmente forte si rialza e va avanti fino a raggiungere il proprio obiettivo.

Spesso attribuiamo il successo a tutta una serie di abilità. Diamo per scontato che le persone che hanno successo nella carriera siano più intelligenti, più fortunate o lavorino di più. Diamo per scontato che un buon genitore sia necessariamente più empatico di altri. Diamo per scontato che una star dello sport abbia un'abilità fisica innata che permette di eccellere in quella particolare attività. Naturalmente intelligenza e abilità naturale sono importanti, ma uno degli aspetti più significativi (e più spesso trascurati) del successo è la forza mentale. Alcuni studi suggeriscono che l'intelligenza rappresenta solo il venticinque o trenta per cento del successo. Il singolo maggiore contributo al successo è la forza mentale.

Ed è una buona notizia, perché pur non potendo mettersi a discutere con la propria eredità genetica si può imparare la forza mentale. Ma imparare la forza mentale è in realtà piuttosto complicato. Si tratta di imparare a gestire emozioni come la rabbia, la delusione e la frustrazione in modo costruttivo. Significa imparare a concentrarsi sulle cose che vogliamo raggiungere, senza farci controllati dalle nostre paure. Significa chiedersi onestamente cose come:

- affronto bene lo stress e la pressione?
- ho una buona fiducia in me stesso?

- sto lavorando verso obiettivi chiari e definiti?
- paura e ansia mi impediscono di raggiungere ciò che voglio?
- mi arrabbio quando fallisco?

In verità, pochi di noi possono dare risposte positive a tutte queste domande, e si è tentati di supporre che la vera forza mentale sia propria solo di persone straordinarie, come gli imprenditori di maggior successo e i migliori atleti. La verità è che quasi certamente già conosciamo persone comuni che sono mentalmente forti.

Pensa a qualcuno che conosci che è bravo negli sport. Qualunque sia lo sport, l'abilità implica uno sviluppo sia fisico sia mentale. C'è bisogno di forma fisica, agilità e pratica per diventare bravi atleti, ma si deve anche avere forza mentale. Senza, non importa quanto si possa essere abili fisicamente: non si avrà successo in modo costante.

Conosci qualcuno che ha molto successo nella carriera? Probabilmente lavora sodo, ma molti lo fanno senza avere successo. Qual è la differenza? Quasi certamente la forza mentale, necessaria per lavorare verso obiettivi chiari e affrontare positivamente avversità e battute d'arresto. Nessuna carriera, da dipendente o imprenditore, si sviluppa senza problemi. È la maniera di rispondere ai problemi che definirà se alla fine si avrà successo o si fallirà.

Conosci un ottimo genitore? Crescere i figli significa affrontare efficacemente incertezze e problemi. Le persone che hanno più successo sono quelle che lavorano attraverso questi problemi senza perdere la concentrazione né la fede nell'obiettivo finale.

Pensa a un agente di polizia, a un medico o a un vigile del fuoco. Tutte persone che hanno a che fare con situazioni ad alto stress, a volte dove sono in gioco delle vite. Per avere successo, tutte queste persone devono avere forza mentale.

La forza mentale non è una cosa irraggiungibile o disponibile solo per pochi eletti. È un approccio che può essere imparato da chiunque e applicato a ogni aspetto della propria vita. Fornisce anche chiari benefici.

I benefici dello sviluppo della forza mentale

Diamo un'occhiata ad alcuni dei più importanti benefici dello sviluppo della forza mentale.

> **Superare la paura**. La paura è uno degli inibitori più significativi del comportamento umano. La paura può essere sensata, perché può aiutarci ad evitare di fare cose che potrebbero danneggiarci. La paura del fallimento, dell'ignoto, di sembrare sciocchi e di provare qualcosa di nuovo ci impediscono di avere successo. Evitiamo la paura trovando conforto nel familiare e nel conosciuto. Peggio ancora, spesso non riconosciamo nemmeno il coinvolgimento della paura, e ci raccontiamo di essere prudenti o attenti quando in realtà stiamo permettendo alle nostre paure di trattenerci. La forza mentale ci aiuta a riconoscere quando la paura ci trattiene e ci dà modi per superarla.
>
> **Darsi obiettivi chiari.** Superare i problemi non è mai facile, ma abbiamo molte più probabilità di

successo se vediamo questi problemi nel contesto generale di un obiettivo più ampio. Studi ripetuti hanno dimostrato che le persone di maggior successo hanno obiettivi chiari verso i quali lavorare. Questi obiettivi possono andare dal raggiungimento di un certo livello nello sport alla creazione di un business di successo. Ci concentrano sulla destinazione, e quindi è meno probabile abbandonare il viaggio. La forza mentale ti aiuta a identificare e fissare obiettivi che ti mantengano motivato quando affronti i problemi.

Posticipare la gratificazione. Strettamente legata agli obiettivi a lungo termine è la capacità di ritardare la gratificazione. Essendo umani, vogliamo gratificazioni subito. Tuttavia cogliere ricompense istantanee può farci desiderare di rinunciare a qualcosa che non ci darà rapidamente qualcosa di positivo. Non è per niente utile, perché raggiungere il successo a lungo termine spesso significa duro lavoro e sforzo ora con poche prospettive immediate di ricompensa. Se abbiamo obiettivi chiari, possiamo imparare a ritardare l'impulso e lavorare per una gratificazione futura.

Affrontare le emozioni. È perfettamente naturale provare delusione, frustrazione e persino rabbia quando ci si trova di fronte a problemi. Tuttavia dirigere queste emozioni verso altre persone incolpandole dei tuoi fallimenti non ti renderà mai in grado di andare avanti. La forza mentale ti aiuta a capire da dove vengono le tue emozioni e come dirigere le tue energie per superare i problemi, senza indulgere in sensi di colpa.

Imparare a lasciare andare. Hai provato qualcosa di nuovo. Hai fallito. L'esperienza è stata dolorosa. Come fai ad affrontare la cosa? Se giuri di non rimetterti mai più in quella posizione, allora non farai mai progressi. Devi invece imparare ad accettare le emozioni negative, ma poi andare avanti e lasciarle andare. Devi imparare dal passato, ma senza permettere alle emozioni passate di definire il tuo modo di agire nel presente. La forza mentale ti dà le tecniche necessarie per lasciar andare e procedere.

Affrontare i dubbi su se stessi. Tutti soffrono di dubbi su se stessi. Tutti, anche quelli che sembrano totalmente in controllo e sicuri di sé. Tuttavia mettere in dubbio ciò che si sta facendo è salutare solo fintantoché permette di imparare e crescere. Il dubbio su di sé non è sano quando diventa paura che impedisce di provare a raggiungere ciò che si vuole. La forza mentale ti permette di guardare a ciò che stai facendo in modo obiettivo e aperto, rifiutando la paura.

Affrontare il fallimento. Fallirai. È una parte inevitabile della crescita e del cambiamento. Nessuno è perfetto e tutti commettono errori. Tuttavia, la forza mentale permette di vedere il fallimento come parte di un processo di apprendimento che porterà al successo finale (ricorda Thomas Edison!). Non devi temere il fallimento, ma devi essere in grado di riconoscere quando è il momento di fermarsi e usare il tuo tempo e le tue energie in modo più produttivo.

Affrontare lo stress. Raggiungere quasi tutto ciò che vale la pena comporta stress, che si stia cercando di essere un buon genitore o di inventare un nuovo prodotto. Lo stress può essere dannoso se impedisce di raggiungere il successo, ma può anche essere motivante se impari a vederlo nel contesto del progresso complessivo verso obiettivi importanti. La forza mentale aiuta a rimanere ottimisti sotto stress e a gestirlo in modo positivo.

Diventare più fiduciosi. Quando si impara a superare le proprie paure e ad affrontare i problemi nel contesto di obiettivi a lungo termine, è molto più probabile che si abbia la fiducia necessaria per continuare invece di arrendersi. La forza mentale aiuta a migliorare la fiducia in se stessi.

Aumentare le prestazioni. Hai mai provato qualcosa di nuovo, magari un nuovo sport o un'attività di fitness, per poi rinunciare? Molti di noi l'hanno fatto, ma chissà... forse se avessimo continuato, ora saremmo dei campioni. La forza mentale ti aiuta a rendere meglio in tutto ciò che fai, a continuare quando le cose si fanno difficili.

Suggerimenti di forza mentale dalle persone di successo

È assiomatico che le persone di maggior successo siano mentalmente forti. Altrimenti non avrebbero successo.

Cosa possiamo imparare da loro? Ecco alcuni consigli di persone che hanno avuto successo nei loro campi.

Dimentica la fortuna.

«Non crediamo nella fortuna, la fortuna è la preparazione in attesa di un'opportunità».

- Ross Braun, direttore tecnico di Formula 1

Quando guardiamo qualcuno che ha avuto successo, è facile pensare che sia fortunato. Possiamo essere tentati di aspettare che sia la fortuna a darci il successo. La verità è che il successo da un giorno all'altro è quasi sempre un'illusione, e aspettare la fortuna non ha alcun ruolo nel successo. Un nuovo prodotto apparso apparentemente dal nulla è quasi certamente passato attraverso un lungo processo di sviluppo e miglioramento che non vediamo mai. Un atleta che raggiunge una fama improvvisa ha molto probabilmente passato anni ad allenarsi e a prepararsi. Un business di successo si basa su anni di preparazione e, molto probabilmente, su alcuni fallimenti lungo la strada.

È proprio questo il senso della citazione di Ross Braun. Non si ottiene nulla senza preparazione. La forza mentale permette di continuare con la preparazione anche quando non fornisce ricompense immediate. Ma quando l'opportunità si presenta, sarai pronto. Altri potrebbero vederla come fortuna, ma tu saprai che così non è.

Concentrarsi su ciò che si può controllare

«Nella vita avviene un incredibile cambiamento quando decidi di prendere il controllo di ciò su cui hai potere invece di desiderarlo per ciò su cui non ne hai».

Steve Maraboli, autore e scienziato comportamentale

Tempo ed energie sono contati, quindi ha senso concentrarsi sulle cose che si possono controllare e lasciar andare quelle che non si ha la possibilità di cambiare. Siamo costantemente bombardati da informazioni, ed è facile farsi distrarre da cose sulle quali non abbiamo controllo. Ma non è un uso produttivo del tempo. Lamentarsi di qualcosa non equivale ad agire!

Le persone di maggior successo concentrano il loro tempo sulle cose che possono cambiare. Fanno una chiara distinzione tra ciò che possono e ciò che non possono cambiare. Tu devi imparare a fare lo stesso e a impegnarti solo nelle cose su cui puoi avere un impatto.

Impegnarsi ma rimanere flessibili

«La misura dell'intelligenza è la capacità di cambiare».

- Albert Einstein

La vita ha l'abitudine di lanciarci l'inaspettato. Non importa quanto attentamente pianifichi o anticipi: è praticamente certo che apparirà qualcosa a cui non avevi pensato. La maniera di rispondere all'imprevisto è una parte importante della forza mentale.

Alcune persone sembrano paralizzate dal cambiamento. Le persone che hanno costantemente successo sono flessibili nella loro risposta agli sviluppi imprevisti. Devi imparare la flessibilità. Incluso accettare che, per quanto attentamente si possa pianificare, il mondo è un luogo complesso che può produrre sviluppi sorprendenti.

Conoscere se stessi

«Non confonderti tra quello che la gente dice di essere e quello che sa di essere».

- Oprah Winfrey

La forza mentale richiede una profonda e vera comprensione di chi si è veramente e del perché si fa quello che si fa. Questa comprensione implica riconoscere e costruire sui propri punti di forza e riconoscere e ridurre l'impatto delle proprie debolezze.

La maggior parte di noi pensa di conoscere se stesso, ma questo è spesso vero solo in misura limitata. Possiamo riconoscere le situazioni che scatenano particolari emozioni o il motivo per cui vogliamo ricevere una particolare gratificazione, ma le persone di maggior successo comprendono chiaramente cosa le spinge. Hanno obiettivi di vita personali che contano per loro. Comprendere profondamente se stessi non è sempre agevole, perché può significare riconoscere paure e debolezze nascoste, ma è un elemento essenziale della forza mentale.

Imparare ad affrontare in modo costruttivo la delusione

«Se saremo abbastanza tranquilli e pronti, troveremo una compensazione in ogni delusione».

- Henry David Thoreau

Nessuno ha successo in tutto, e il fallimento è sempre una delusione. Forza mentale significa rispondere alla delusione in modo diverso. Se hai lavorato duramente per ottenere qualcosa ma non ci sei riuscito, non ti sentirai bene. Ma non devi permettere alla delusione di impedirti di riprovare.

Le persone di maggior successo sentono la delusione del fallimento altrettanto acutamente, ma usano questa emozione come un'opportunità per analizzare e imparare cosa è andato storto e, in particolare, cosa possono fare per evitare lo stesso fallimento in futuro. Sviluppare forza mentale non significa evitare completamente la delusione, ma trattare questa sensazione come un'opportunità di apprendimento per poi procedere.

Raggiungere una vera forza mentale significa trovare un equilibrio tra ottimismo e realismo. Devi trovare quell'ottimismo che ti spinge a provare cose nuove, ma questa visione positiva deve essere temperata dall'accettazione del fatto che non tutto quello che farai funzionerà perfettamente. Se pecchi di ottimismo, potresti non riuscire ad anticipare i potenziali problemi, e questo ti lascerà incline a una delusione sempre più forte alla loro apparizione. Ma non devi permettere alla paura della delusione di impedirti di provare.

Abbracciare l'incertezza

«Il futuro è incerto... ma questa incertezza è il cuore stesso della creatività umana».

- Ilya Prigogine, chimico e premio Nobel

Il futuro porterà sicuramente delle sorprese, alcune gradite e altre meno. Questo è un problema, perché i nostri progetti e le nostre aspirazioni si basano sulla previsione del futuro – e se questo futuro è davvero incerto, i nostri progetti potrebbero dover cambiare. Molte persone reagiscono all'incertezza non riuscendo a fare progetti a lungo termine o rinunciando al cambiamento delle circostanze.

Le persone mentalmente tenaci vedono l'incertezza come un'opportunità. Fanno progetti, ma riconoscono che questi potrebbero dover cambiare e accolgono la sfida. Tutti affrontano l'incertezza. Coloro che imparano ad accettarla e sono sufficientemente flessibili da cambiare a seconda delle necessità avranno sempre prestazioni migliori.

Capitolo 2: gli elementi della forza mentale

I nemici della forza mentale

Prima di iniziare a parlare degli elementi della forza mentale, dobbiamo discutere dell'opposto. Si tratta di modi di pensare che minano la forza mentale. Se soffri di questi modi di pensare, devi riconoscerli e agire per ridurne l'impatto.

Non è giusto!

L'autocommiserazione è l'antitesi della forza mentale. Dispiacersi per se stessi perché qualcosa non ha funzionato non è utile. L'autocommiserazione ci porta a adottare un modo di pensare che implica che i problemi non sono colpa nostra, che siamo impotenti di fronte alle circostanze.

Basta!

Hai tu il controllo della tua vita. Tu prendi le decisioni che ti portano verso i tuoi obiettivi. Se le cose non funzionano, è inutile indulgere nell'autocommiserazione. Certo, sarai deluso e forse anche frustrato, ma a quel punto hai una scelta. Puoi crogiolarti nella sensazione che il mondo sia contro di te e di aver fatto del tuo meglio quando le cose ti hanno cospirato contro. Il corollario tacito è che non ha senso riprovare, e così il fallimento diventa una scusa per l'inazione. Supera invece il fallimento, impara da esso ed evita di rifare gli stessi errori.

Non sono abbastanza bravo...

Il dubbio su se stessi è un'emozione umana normale e tutti, anche chi sembra sicurissimo di sé, ne soffrono. Questo dubbio può in realtà essere utile, perché induce a mettere in discussione quello che si sta facendo e a chiedersi se esistono modi migliori di farlo. L'arroganza non è analoga alla forza mentale. Tuttavia, se permetti al dubbio di dominare, ecco che minerà tutto ciò che ti proponi di fare.

Il dubbio su se stessi è spesso alimentato da quella vocina che abbiamo dentro la testa che ci dice che non siamo abbastanza intelligenti, attraenti o laboriosi. Tutti hanno un critico interno che commenta ciò che facciamo, che lo vogliamo o no. Quello che molte persone non capiscono è che questa voce interna può essere allenata per diventare positiva e di supporto. Invece di dirti che non avrai mai successo, la voce interiore celebrerà il successo e aumenterà la fiducia in se stessi. Ottenere una voce interiore positiva è un elemento vitale per costruire la forza mentale.

Troppa fatica

La pigrizia è un altro aspetto della personalità che ci impedisce di avere successo. Ma la verità è che meno facciamo, più siamo fiacchi e letargici. Naturalmente questo non significa evitare di prendersi del tempo per rilassarsi e riposare. Si tratta di riconoscere quando si sta evitando qualcosa perché ci sembra troppo faticoso e di prendere provvedimenti per assicurarsi che l'energia rimanga a livelli alti.

L'autodisciplina è un elemento importante per superare la naturale tendenza a evitare il lavoro duro e lo stress.

Lavorare per obiettivi a lungo termine ci aiuta a rimanere concentrati e a evitare la pigrizia.

Voglio la perfezione...

Si potrebbe immaginare che il perfezionismo faccia parte della forza mentale, ma in realtà non è così. Cercare di fare il meglio possibile in qualsiasi impresa è un bene, ma credere che valga la pena agire solo se si può raggiungere un immaginario (e probabilmente irraggiungibile) stato di perfezione no. È un attimo passare dal tentativo di raggiungere la perfezione alla decisione che non valga la pena preoccuparsi perché tanto non ce la faremo. Le persone mentalmente forti si sforzano sempre di superare le proprie aspettative, ma non sono ossessionate da una perfezione irraggiungibile.

Ho paura...

La paura è il più grande inibitore singolo della forza mentale. Anzi: è così importante che l'argomento ha un capitolo tutto per sé. Per il momento basta essere consapevoli che la paura è normale e persino utile, ma che se incontrollata può impedirti di raggiungere i tuoi obiettivi.

Sono arrabbiato

Provare emozioni è naturale e sano. Esistono emozioni positive e negative. La gioia, la speranza e l'amore sono tutte positive. Rabbia, frustrazione e gelosia sono negative. Le emozioni positive ci fanno sentire ottimisti, forti e fiduciosi. Quelle negative insicuri, incerti e pieni di dubbi. Parte dello sviluppo della forza mentale consiste nell'imparare a riconoscere le emozioni negative, vedere chiaramente da dove provengono e fare in modo di non permettere a questi sentimenti di dominare il nostro pensiero.

Molte persone si trovano bloccate in cicli di dubbi e incertezze. La forza mentale fornisce un antidoto a entrambi, e in questo libro ti presenteremo le tecniche per imparare a sviluppare il pensiero positivo.

Non posso farlo perché...

Le convinzioni autolimitanti sono cose che crediamo su noi stessi e che ci limitano in ciò che facciamo. A volte possono essere ragionevoli, pratiche e utili a evitare sforzi inutili. Si può desiderare davvero di diventare un giocatore di basket professionista, per esempio, ma se non si è molto alti probabilmente non accadrà, per quanto si lavori. Il desiderio di diventare un pilota di caccia è lodevole, ma probabilmente non ti porterà a una carriera nell'aeronautica militare se sei daltonico.

Tuttavia, molte convinzioni autolimitanti sono dannose e imprecise. "Sono troppo vecchio per una nuova carriera" per esempio, o "Non posso trovare un compagno di vita perché non sono attraente" o "Non sono abbastanza intelligente per imparare una nuova lingua". Le convinzioni autolimitanti diventano un problema quando si basano su una percezione delle nostre debolezze spesso esagerata o enfatizzata. Tutti noi abbiamo capacità e attributi positivi, e dobbiamo essere in grado di bilanciare il riconoscimento delle nostre debolezze con la comprensione dei nostri punti di forza. Per diventare mentalmente forti, dobbiamo imparare a riconoscere queste convinzioni autolimitanti come errate e ignorarle.

Esercizio 1

I sette modi di pensare inutili descritti sopra inibiscono la crescita personale e sono un ostacolo per chiunque cerchi di migliorare la propria vita attraverso lo sviluppo della forza mentale. Tutti noi soffriamo di almeno alcuni di essi. Prima di iniziare il tuo viaggio di miglioramento, concediti cinque minuti per andare alla sezione degli esercizi in fondo al libro e svolgere il primo per determinare quali ti riguardano. Ci vorrà solo un attimo, ma è importante completare l'esercizio prima di continuare a leggere.

Gli elementi della forza mentale

Ora che hai riconosciuto gli stati d'animo che minano la forza mentale, è il momento di pensare a ciò che fa di noi dei mentalmente forti. Ci sono quattro parti nella forza mentale:

- padroneggiare le emozioni;
- affrontare il fallimento;
- rispondere alle avversità;
- imparare a posticipare la gratificazione.

Ognuno è importante, e tutti sono collegati. Diamo un'occhiata a ciascuno a turno.

1: Padroneggiare le emozioni

Provare emozioni è parte di ciò che ci rende umani. Un malinteso comune è che diventare mentalmente forti significhi eliminare le emozioni. Non è così, anche perché sarebbe impossibile. Dobbiamo invece imparare a sviluppare l'intelligenza emotiva (a volte chiamata quoziente emotivo o QE). Il QE ci permette di diventare non solo più consapevoli delle nostre emozioni, ma in grado di vedere da dove vengono e di impedire che regolino il nostro comportamento. Questa comprensione delle emozioni ci aiuta a evitare di prendere decisioni basate su paura, ansia, gelosia o qualsiasi altra emozione stiamo provando. Significa decisioni migliori, ma sviluppare il QE ci dà anche una migliore comprensione delle emozioni altrui, cosa essenziale se vogliamo avere relazioni personali e lavorative efficaci.

Spesso presumiamo che l'intelligenza (quoziente intellettivo, o QI) sia l'attributo più decisivo nel successo. Tuttavia, la maggior parte degli studi conclude che il QE è in realtà un miglior indicatore di successo rispetto al QI. Il QI porta alla brillantezza accademica, ma il QE ti prepara a trattare con le persone. Se non riesci a costruire relazioni efficaci, non importa quanto tu sia brillante: il successo è improbabile. In uno studio del Center for Creative Leadership che ha esaminato le cause del fallimento della carriera, fino al settantacinque per cento di esse erano relative a un problema nel lavoro con gli altri, spesso a causa di una fallita comprensione di ciò che gli altri vogliono e di cui hanno bisogno in un rapporto di lavoro.

Ci sono quattro elementi principali del QE:

> **Consapevolezza di sé.** Devi essere in grado di riconoscere le tue emozioni e capire da dove vengono. Sei arrabbiato perché non hai ottenuto la promozione o invidi il collega che l'ha ottenuta? Quando si riesce a vedere chiaramente da dove vengono le emozioni negative, è molto più facile

diminuirne l'impatto. Sviluppare una forte intelligenza emotiva significa riconnettersi con le proprie emozioni e sentirsi a proprio agio con esse. È molto più facile rimanere motivati e disciplinati quando il comportamento non è incontrollato.

Esercizio 2: valutare le emozioni e la consapevolezza di esse

Empatia. La parola empatia è spesso usata come sinonimo di "gentilezza" o "simpatia", ma non è affatto questo il suo significato. Essere empatici significa essere in grado di capire i sentimenti degli altri, di mettersi nei loro panni. Significa essere in grado di capire cosa provano gli altri e avere un'idea del perché si sentono in quel modo. Perché è importante? Prima di tutto, ci permette di capire meglio perché le persone si comportano in una certa maniera. Se il capo è arrabbiato, potresti supporre che il problema sia il tuo rendimento. Se sai che sta attraversando dei problemi personali, potresti considerare la sua rabbia in modo diverso e rispondere in modo appropriato. Senza empatia, troverai molto più difficile capire le relazioni personali e lavorative.

Esercizio 3: empatia

Autogestione. Padroneggiare le emozioni non significa soffocare o ignorare ciò che sentiamo. Cercare di dissociarsi dai nostri sentimenti o fingere che non esistano non è né utile né efficace. Questo non ci rende mentalmente forti, ma in realtà ci rende più inclini alla depressione e al dubbio. Devi invece imparare a gestire le tue emozioni riconoscendole, capendo da dove vengono e imparando a limitare l'effetto che hanno sul tuo comportamento. Agire da arrabbiati, spaventati o ansiosi raramente è vantaggioso. Impara a valutare le tue emozioni (e quelle altrui) prima di prendere decisioni importanti.

Gestire le relazioni. Nella vita privata o al lavoro, imparare a gestire efficacemente le relazioni è una parte essenziale della costruzione dell'intelligenza emotiva. Costruire relazioni efficaci e soddisfacenti richiede sia empatia sia consapevolezza di sé. Implica ascoltare le altre persone (e questo significa sia ascoltare ciò che dicono sia diventare consapevoli della comunicazione non verbale). Significa essere consapevoli dell'effetto che la tua comunicazione verbale e non verbale ha sugli altri. Non ci saranno mai due persone che avranno esattamente gli stessi bisogni, ambizioni e aspirazioni, quindi qualche forma di conflitto è inevitabile. Ma gestendo le relazioni in modo efficace si può trasformare il conflitto da una fonte di problemi a un modo per accrescere la fiducia.

2: Affrontare il fallimento

Stai per fallire. <u>Nessuno, per quanto talentuoso e laborioso</u>, vive senza sperimentare il fallimento. Più si è disposti a rischiare e ad aprirsi a nuove esperienze e opportunità, più è probabile che si fallisca. Ma non si può avere successo senza essere disposti a rischiare. L'unico modo per essere certi di non fallire mai è non cercare mai di avere successo.

Accettare questo fatto è una parte importante dell'imparare ad affrontare il fallimento. Se il tuo approccio è evitare completamente il fallimento, l'unico modo per farlo è non fare nulla. Se il tuo approccio è fare del tuo meglio per avere successo ma riconoscendo che non sempre lo raggiungerai, ecco un atteggiamento molto più sano e che contribuisce alla forza mentale.

I fallimenti non saranno mai divertenti, ma va bene così. Starai male, ma uno studio del 2017 pubblicato nel *Journal of Behavioral Decision-Making* nota che star male per un fallimento può effettivamente motivare se non si guarda al fallimento in sé ma alle emozioni che provoca in te. Dire a te stesso che non ti importa di fallire probabilmente non è vero, e non è neanche un modo efficace di affrontare il fallimento. E nemmeno l'uso di alcol, droghe o cibo per smussare i propri sentimenti o cercare un'altra persona o una circostanza da incolpare sono risposte efficaci al fallimento. Devi imparare a trarre qualcosa di positivo dal fallimento: impara. La cosa bella del fallimento è che insegna a evitare lo stesso problema, che si tratti di dimagrire, adottare uno stile di vita sano o cambiare il modo in cui si affrontano le relazioni. Eppure sei certo che il nuovo approccio è destinato a fallire proprio come i tentativi precedenti.

Si dice che la definizione di pazzia sia ripetere la stessa cosa più e più volte aspettandosi risultati diversi. Fallire più e più volte per gli stessi motivi è uguale. Forza mentale significa imparare ad affrontare il fallimento in modo costruttivo.

Imparare ad accettare un'occasionale mancanza di successo come un risultato inevitabile dell'essere abbastanza coraggiosi da tentare qualcosa di diverso. Prenditi la responsabilità, ma non prenderla sul personale. Una mancanza di successo non significa che sei tu stesso un fallimento. Non ti piacerà mai la frustrazione, ma se riuscirai a vederla come una preziosa opportunità di apprendimento e un passo sulla strada verso il successo finale, allora sei sulla buona strada verso la forza mentale.

Il fallimento non è il risultato di un esame globale che decide se avrai successo o meno. È solo il modo in cui la vita fornisce un feedback costruttivo su ciò che devi cambiare. Accetta il feedback, impara da esso e vai avanti.

Esercizio 4: affrontare il fallimento

3: Rispondere alle avversità

A volte la vita è facile. Si procede senza grossi problemi e si ottiene ciò che si vuole con poco sforzo. Tuttavia, troppo spesso, non è affatto così. Si passa tutto il tempo a lottare contro problemi e ostacoli e a volte sembra che si faccia a malapena qualche progresso. Questa è l'avversità, e il modo in cui si risponde a essa è un elemento importante per il successo o il fallimento.

Ecco quattro tecniche collaudate per affrontare le avversità.

> **Essere preparati.** Quasi duecento anni fa, il primo ministro britannico Benjamin Disraeli disse*: «Sono preparato al peggio, ma spero nel meglio»*. Questo approccio ha lo stesso valore oggi come allora. L'ottimismo è un elemento importante della forza

mentale. Tuttavia, se si possono anticipare i problemi e pianificare come rispondere, è più probabile che si sia in grado di intraprendere un'azione efficace e mirata.

Ricordati di ciò che hai ottenuto. Avrai già affrontato avversità nella tua vita, e con successo. Questa conoscenza ti dà la forza e la concentrazione per affrontare nuovi problemi, e ciò che hai imparato dalle avversità passate potrà essere applicato di nuovo. Proprio come il fallimento, l'avversità è un modo per imparare e crescere. Vedila in questo modo e la troverai più facile da affrontare.

Le avversità possono fornire opportunità. Le situazioni difficili possono fornire un'opportunità per un cambiamento di direzione o di enfasi. In *Pensa e arricchisci te stesso*, l'autore Napoleon Hill nota che «*Ogni avversità ha il seme di un beneficio equivalente o maggiore*». Pensa alla pandemia di COVID 19. Questo evento ha causato problemi enormi e imprevisti per le aziende e gli individui di tutto il mondo. Tuttavia, alcune hanno ottenuto un notevole successo abbracciando l'opportunità di cambiare il focus della propria attività per soddisfare meglio le esigenze di un mondo isolato.

Prendi il controllo. Succedono cose impreviste che non puoi controllare. Hai il controllo sulle risposte. Quando succede qualcosa di inaspettato, ovviamente vorrai prenderti il tempo per riflettere, ma alla fine l'obiettivo dovrebbe essere agire. Non si può cambiare nulla pensando o pianificando. Solo l'azione porta al cambiamento, e se vuoi affrontare le avversità devi essere pronto ad agire.

Proprio come per il fallimento, una parte importante dell'essere preparati alle avversità consiste nel riconoscere che probabilmente le incontrerai, in una forma o nell'altra. Allora non sarà una sorpresa completa, e potrai reagire in modo più efficace.

4: Impara a posticipare la gratificazione

Molti studi confermano che abbiamo più probabilità di successo se pratichiamo l'autocontrollo e soprattutto se possiamo imparare a ritardare la gratificazione. Che cosa significa? Rifiutare l'opportunità di fare qualcosa che ci piace subito per ottenere qualcosa di ancora più importante in futuro. Potrebbe piacerti andare a bere qualcosa con gli amici dopo il lavoro, anche se potresti usare quel tempo per lavorare al romanzo di cui continui a parlare. Prendi la decisione cosciente di rifiutare di fare qualcosa che ti darà un piacere immediato (andare a bere) e concentrati invece su una cosa che porterà un beneficio maggiore più tardi (farsi pubblicare).

Noterai che posticipare la gratificazione implica una decisione consapevole da parte tua. Hai il controllo sulla scelta del piacere minore ora o del beneficio maggiore più tardi. Tuttavia, è da notare che la capacità di posticipare la gratificazione è una parte importante della forza mentale, nonché una caratteristica delle persone di maggior successo. In parte posticipare la gratificazione significa imparare a controllare gli impulsi. Sei a dieta, hai fame e passi davanti a una pasticceria con deliziosi dolci in vetrina.

L'impulso è entrare di corsa a comprarne uno. Ritardare la gratificazione significa non farlo perché la dieta abbia successo.

La buona notizia è che, proprio come ogni altra parte del diventare mentalmente forte, si può imparare a posticipare la gratificazione. Ogni volta che cedi a un impulso stai rinforzando nel tuo cervello nozioni che associano il piacere al minimo sforzo. L'associazione diventa un'abitudine, e non è utile. Al contrario, quando facciamo lo sforzo di non cedere all'impulso stiamo imparando a ritardare la gratificazione e a fare un'associazione tra autocontrollo, disciplina e ricompensa. Se riesci a imparare a ritardare la gratificazione, condividerai uno stato d'animo con le persone di maggior successo.

Imparare a pensare così non è facile. Ogni giorno siamo bombardati da messaggi destinati a persuaderci a cedere agli impulsi. Dobbiamo imparare a rifiutarli in favore del perseguimento dei nostri obiettivi a lungo termine.

Capitolo 3: superare le paure

La paura è utile. Ci impedisce di fare cose che potrebbero danneggiarci, ci assicura di rimanere vigili e può persino spingerci ad agire. Tuttavia, la paura può anche essere una barriera all'azione se le permettiamo di dominare il nostro pensiero e cerchiamo solo ciò che ci sembra l'opzione meno rischiosa, invece di soppesare logicamente le alternative. La paura può intromettersi in ogni parte della nostra vita, dalla carriera alle relazioni.

Parte dell'affrontare la paura consiste nell'imparare a riconoscerla. Provare paura è qualcosa che colpisce tutti, ma in realtà è più difficile da identificare di quanto si possa pensare. Se incontriamo un animale pericoloso in natura o ci troviamo in una posizione precaria ad alta quota, la paura che proviamo è immediata e inconfondibile. Tuttavia quel tipo di paura semplice è (speriamo!) rara nella vita lavorativa e nelle relazioni. Soffriamo invece di paure complesse che possono essere più difficili da definire e spiegare.

Per sviluppare la forza mentale, devi imparare a riconoscere e superare la paura. Fortunatamente, esistono un certo numero di tecniche provate da utilizzare allo scopo.

Dare un nome alla paura

Una delle migliori tecniche per affrontare la paura si chiama "*dare un nome alla paura*". Proprio come quasi tutto ciò che influenza il nostro comportamento, capire veramente cos'è una particolare paura è un buon modo per diminuirne l'effetto subconscio. In realtà è più complicato di quanto sembri quando si ha a che fare con paure complesse. Per esempio, si può dire che si ha paura di provare qualcosa di nuovo al lavoro perché se non funziona si potrebbe perdere il posto. Questa paura potrebbe sembrare semplice e diretta, ma c'è più paura di quanto si possa pensare.

La paura di perdere il lavoro è una paura grande e mal definita, ma è sostenuta da molte altre paure più specifiche. "Se perdo il lavoro, ho paura di non essere in grado di provvedere alla famiglia". "Se perdo il lavoro, ho paura di perdere il rispetto del mio partner". "Se provo qualcosa di nuovo e fallisco, ho paura di sembrare stupido ai miei colleghi". Sono solo esempi, ma quando si approfondisce qualsiasi paura complessa di solito si scopre che è sostenuta da molte preoccupazioni più specifiche. Dare un nome alla paura in modo efficace significa pensare a questi problemi fino a capire cosa ti sta veramente trattenendo.

Se c'è qualcosa che continui a rimandare o un compito o un'impresa che non riesci proprio a iniziare, è molto probabile che sia coinvolta la paura.

Esercizio 5: dare un nome alla paura

Qual è la cosa peggiore che può succedere?

La gente pensa a come affrontare la paura da molto tempo. Seneca il giovane è stato un filosofo e statista romano, e circa duemila anni fa fondò una nuova scuola di pensiero: lo stoicismo. Questa filosofia si basava sulla premessa che superare le emozioni, compresa la paura, fosse un prerequisito essenziale per vivere una vita efficace e soddisfacente.

Seneca fu il primo a introdurre un esercizio destinato specificamente a ridurre la paura: "*praemeditatio malorum*" (la premeditazione del male). In termini semplici, l'approccio comporta la visualizzazione nel dettaglio dei peggiori scenari per qualsiasi corso d'azione pianificato. Nel mondo degli affari moderno, l'approccio di Seneca è stato rielaborato come "pre-mortem", ed è una strategia di gestione riconosciuta ed efficace utilizzata nella pianificazione di nuove imprese.

Un certo numero di grandi aziende usa regolarmente la tecnica del pre-mortem. La NASA, per esempio, usa workshop pre-mortem per identificare i problemi potenzialmente associabili a un nuovo progetto. Immaginare il peggio che può accadere è in realtà un potente strumento di pianificazione. A volte viene chiamato "*senno di poi*", nel senso che se si può immaginare in dettaglio il peggio possibile si può anche pensare a cosa può aver portato a quella situazione. Si possono poi fare dei piani per assicurarsi che ciò non accada.

Tuttavia, il pre-mortem è anche un ottimo modo per ridurre le paure. Gli scenari peggiori sono la causa principale della paura. Se li si affronta e ci si pensa davvero in dettaglio, le paure diminuiranno. Anche gli individui possono usare la tecnica del pre-mortem.

Esercizio 6: qual è la cosa peggiore che può succedere?

Vivere per oggi

Pensare alla cosa peggiore che potrebbe accadere in futuro può aiutare a ridurre la paura. Ma tu non vivi mica nel futuro. Vivi qui, nel presente, e devi anche imparare a concentrare energie, attenzione e tempo su ciò che stai facendo in questo momento.

Uno dei primi libri di auto-aiuto globalmente popolari fu *Come vincere lo stress e cominciare a vivere* dello scrittore e conferenziere americano Dale Carnegie. Pubblicato per la prima volta nel 1948, la tesi centrale del libro è che passare il tempo a preoccuparsi del futuro è in gran parte una perdita di tempo. Se invece si può mettere il cento per cento di sé in ciò che si fa ogni giorno, il futuro si prenderà cura di se stesso. Imparare a concentrarsi sul presente è un approccio potente, altrettanto rilevante oggi quanto lo era nel 1948.

Pensare al futuro e considerare cosa si può fare per mitigare i potenziali problemi è sensato. Preoccuparsi del futuro in modo non strutturato è del tutto inutile. Devi imparare a bilanciare la pianificazione del futuro con una concentrazione sul presente, impegnandoti al cento per cento in quello che stai facendo ora. O, come diceva Dale Carnegie, «*vivi ogni giorno fino all'ora di andare a letto*».

Smettere in modo intelligente

"I vincitori non mollano!" è un mantra che si sente ripetere spesso nei libri di auto-aiuto e altrove. E vi è un certo grado di verità. Dopotutto, hai bisogno di persistenza e tenacia per andare avanti di fronte alle avversità. Ma non arrendersi mai è anche un errore. Una delle caratteristiche che definiscono le persone di successo è che sanno quando smettere, e lo fanno al momento giusto e per le giuste ragioni. A volte smettere non è solo l'approccio più efficace, ma proprio l'unico modo per fare veri progressi.

Tuttavia, proprio come può impedirti di iniziare la paura può anche farti proseguire molto tempo dopo che è evidente che la tua idea non funzionerà. Abbiamo già discusso del fatto che la volontà di provare cose nuove sta al cuore del cambiamento positivo. A volte questo significa inevitabilmente il fallimento del raggiungimento dei tuoi obiettivi. Come puoi assicurarti di non sprecare tempo e sforzi persistendo troppo a lungo con un'idea improduttiva?

Prima ancora di iniziare a lavorare sulla tua nuova idea, devi avere obiettivi chiari e punti di revisione. Alcune nuove idee funzioneranno. Altre no. Devi superare le tue paure per uccidere quelle che non funzionano. Costruire punti di revisione all'inizio (momenti in cui ti metti lì a pensare se stai raggiungendo ciò che ti eri prefissato di fare) ti farà dare uno sguardo oggettivo ai progressi.

Essere oggettivi è vitale. La paura di rinunciare è altrettanto potente di quella di fallire. Non rinunciare può essere semplicemente un modo per ritardare il riconoscimento dell'imminente fallimento. Può significare raccontarsi che si sta affrontando qualcosa quando non è così, o evitare la possibilità di sembrare sciocchi. Tempo ed energie sono contati, e devi utilizzarli dove sono più produttivi. Devi rivedere quello che stai facendo e i progressi fatti e decidere se vale la pena continuare. Decidere di smettere non è facile. Hai un legame emotivo con la nuova idea e vuoi che abbia successo. Rinunciare sembra un fallimento. Tuttavia, abbandonare può anche portare a importanti opportunità di apprendimento. Se provi e non funziona, pensa al perché e a cosa hai imparato dall'esperienza.

I vincitori abbandonano. Anzi: gli studi dimostrano che gli individui di maggior successo abbandonano più di tutti. Ma smettono per le giuste ragioni, e imparano dall'esperienza. Non lasciare che la paura ti intrappoli in un progetto molto tempo dopo che è ovvio che non otterrai ciò che vuoi.

Affrontare i problemi

Uno dei principali inibitori del cambiamento positivo è la paura dei problemi, reali o percepiti. Ti piacerebbe essere più in forma, ma probabilmente non riuscirai a trovare il tempo. Ti piacerebbe essere più coinvolto nell'IT al lavoro, ma non ne sai abbastanza di computer.

Proprio come con la paura stessa, l'impatto dei problemi può essere diminuito affrontandoli e cercando di capirli. Prendiamo il primo esempio qui sopra. Vuoi migliorare la tua forma fisica, ma pensi che trovare il tempo possa essere un problema. Ci sono un paio di cose a cui pensare. La prima è pratica. Cosa stai cercando di ottenere e quanto tempo ci vorrà ogni settimana? Scrivi un programma e vedi come si adatta alla tua vita. Se ti sembra troppo, perché non provi a dedicargli un po' meno tempo? Puoi comunque migliorare la tua forma fisica facendo meno esercizio. Puoi sostituire la corsa in auto fino al lavoro con una camminata o anche solo parcheggiando più lontano e facendo a piedi una parte del tragitto? Concentrati sull'obiettivo – metterti più in forma – e sui benefici che ne derivano. Puoi sempre trovare il tempo per inserirlo.

Non tutti i problemi però sono pratici come inserire l'esercizio fisico in un'agenda fitta di impegni, e non tutti possono essere risolti così semplicemente. Spesso la percezione che abbiamo dei problemi non è altro che una paura nascosta. Vuoi metterti più in forma ma dentro di te hai paura di non esserne capace. Si razionalizza dicendo che non si ha tempo, ma in realtà il problema è la paura del fallimento. Non riconoscere l'importanza di emozioni come la paura è molto comune, ed è per questo che guardare nel dettaglio i problemi può aiutare non solo a risolverli, ma a rivelarne i sentimenti sottostanti.

Riconoscerli è importante. I problemi reali e pratici sono suscettibili di soluzioni reali e pratiche. I problemi percepiti, che sono una maschera per la paura, possono essere affrontati solo di petto e usando le tecniche precedentemente descritte per la paura. Per essere certi di ciò che stai affrontando, hai bisogno di autoconsapevolezza e di una comprensione delle tue emozioni. Quando hai a che fare con problemi percepiti, già solo esaminarli nel dettaglio può farli sparire.

Ci sono diverse tecniche riconosciute per esaminare i problemi pratici. Una delle più efficaci e popolari è il "reframing". Questa tecnica consiste nel non cercare immediatamente una soluzione al problema, ma modi diversi di vedere il problema stesso. Guardare il problema in un modo diverso può portare all'identificazione delle soluzioni più ovvie. Per esempio, se torniamo al desiderio di mettersi in forma, il problema è che non hai tempo di andare in palestra più volte alla settimana. Se invece si riformula il problema in "come posso mettermi in forma?" invece di "come posso trovare il tempo per andare in palestra?", eccoci a una soluzione più facile da trovare. Invece di cercare il tempo per la palestra puoi pensare di incorporare più esercizio nella vita quotidiana, camminando invece di usare la macchina, per esempio. Semplicemente guardando il problema in un modo diverso, il reframing, una soluzione diventa ovvia.

Il famoso scienziato Albert Einstein ha riassunto questo concetto. Gli fu chiesto come si approcciava alla soluzione dei problemi e la sua risposta fu:

«Se avessi un'ora per risolvere un problema, passerei cinquantacinque minuti a pensare al problema e cinque a pensare alle soluzioni».

Dedicare del tempo a guardare i problemi per vederli in modo diverso è un modo efficace per trovare soluzioni. A volte, semplicemente guardare un problema in modo diverso può farlo scomparire completamente. Imparare ad affrontare con fiducia i problemi è una parte importante della forza mentale e un ottimo modo per ridurre la paura.

Capitolo 4: l'applicazione precisa della volontà – imparare a pensare come un Royal Marine

Quando pensiamo alle persone forti, molti di noi pensano ai soldati delle forze speciali. Tuttavia, generalmente pensiamo in termini di solidità fisica e capacità di sopportare eventi estremi. L'addestramento e la preparazione dei soldati delle forze speciali di tutto il mondo poggiano sulla forza mentale tanto quanto sulla preparazione fisica. Cosa possiamo imparare dal loro addestramento che può essere applicato per sviluppare la forza mentale nella vita quotidiana?

I Royal Marines

I Royal Marines vennero creati nel 1664 per servire come soldati a bordo delle navi da guerra della Royal Navy. Durante la seconda guerra mondiale furono formate le prime unità del Royal Marine Commando. Queste truppe dei servizi speciali condussero incursioni nell'Europa occupata. Nel 1950 i Royal Marines si concentrarono completamente sul commando, e le truppe con la berretta verde sono ora considerate tra i migliori soldati dei servizi speciali al mondo.

Queste truppe devono imparare a combattere in circostanze che le vedono lontane dalle truppe amiche e spesso in inferiorità numerica e di armi. I corsi di formazione presso il Royal Marine Commando Training Centre di Lympstone, nel Devon orientale, comportano sfide fisiche estreme, come ci si potrebbe aspettare. Questi corsi di formazione sono anche progettati per costruire la forza mentale necessaria ad avere successo nelle circostanze più difficili e impegnative del campo di battaglia. Parte dell'addestramento prevede l'insegnamento alle reclute della gestione della paura. Spesso la si riduce mettendo le reclute in situazioni spaventose, come l'altezza o gli spazi chiusi. Essere esposti alla paura ripetutamente riduce l'impatto della stessa, come abbiamo già discusso nel capitolo precedente. I Royal Marines non sono privi di paura, ma imparano a gestirla affrontandola, riconoscendola e pianificando il peggior risultato possibile.

Inoltre, l'addestramento dei Royal Marine poggia su quattro qualità mentali: unità, adattabilità, umiltà e forza d'animo[5]. Tutti e quattro elementi importanti della forza mentale.

Unità

L'altruismo è considerato una caratteristica primaria dei Royal Marines, e durante l'addestramento ci si aspetta che tutte le reclute aiutino e sostengano costantemente i compagni. Una devozione disinteressata al successo della missione e alla sopravvivenza dell'unità rispetto alla considerazione per sé è fondamentale. La peggiore condanna che un Royal Marine possa ricevere durante l'addestramento è essere identificato come un "*Jack*", un egoista. I "*Jack*" raramente completano l'addestramento,

---

[5] *The Ethos of the Royal Marines: The Precise Application of Will*, Dr Anthony King, Dipartimento di Sociologia, Università di Exeter, 2004

perché non sono in grado di inglobare i propri bisogni e desideri nel bene collettivo del gruppo.

Sei un "*Jack*"?

Molti di noi lo sono. Alcune persone vedono erroneamente l'egoismo e la ricerca ostinata dell'interesse personale come un approccio positivo e persino ammirevole alla vita. Alcuni considerano questi attributi come una dimostrazione di forza mentale. È vero il contrario. L'egoismo e la gelosia sono guidati dalla paura e dall'insicurezza. Le persone egoiste sembrano ritenere che esista solo una certa quantità di successo disponibile, e che se qualcun altro ha successo ne rimanga meno per loro. Naturalmente è una falsità. Essere veramente altruisti, dare aiuto e sostegno dove è necessario è un segno di completa fiducia e sicurezza mentale.

Esattamente lo stesso si applica agli atleti di successo. Nel libro *The Way of The Champion*, lo psicologo dello sport Jerry Lynch nota che i membri delle squadre più performanti mostrano regolarmente «*la volontà incondizionata di mettere la squadra o il gruppo prima di qualsiasi bisogno individuale o personale*[6].» I veri vincitori non guardano ogni situazione chiedendosi "*Cosa ci guadagno io?*" Pensano a come beneficiare l'intera squadra. E i più grandi campioni provengono dalle squadre che lavorano insieme in modo più efficace.

---

[6] *The Way of the Champion: Lessons from Sun Tzu's the Art of War and Other Tao Wisdom for Sports & Life,* Jerry Lynch Ph.D., Tuttle Publishing, 2006.

Ma tu non fai parte di un'unità delle forze speciali né di una squadra sportiva ad alte prestazioni, quindi come si applicano queste abilità alla tua vita quotidiana? Pochissime attività, che riguardino la carriera, le relazioni o anche gli hobby, saranno svolte da soli. Anche tu lavori come parte di una squadra, e se la squadra si comporta bene tu ne benefici. Vedilo come un investimento finanziario. Sforzandoti di sostenere la squadra invece che badare solo a te stesso, la aiuti ad avere successo. Quando la squadra ha successo, anche tu avrai successo, molto più di quanto potresti ottenere da solo.

Una serie di studi conferma che la solitudine sul posto di lavoro è un problema crescente. Uno studio del 2017 della California State University e della Wharton School of Business[7] ha intervistato diverse centinaia di lavoratori e ha scoperto che i sentimenti di solitudine sul posto di lavoro sono la prima causa di ritiro emotivo e di scarso rendimento. Studi simili in altri paesi hanno confermato lo stesso. I lavoratori isolati ed emotivamente distanti hanno prestazioni peggiori. Costruendo relazioni di sostegno, è possibile diminuire i sentimenti di isolamento negli altri membri del team e contribuire ad aumentare le prestazioni complessive.

Come molti dei migliori investimenti, potresti non vedere un ritorno immediato. A lungo termine, diventare un giocatore di squadra porterà maggiori ritorni. Ricordi quello che abbiamo detto sull'importanza di posticipare la

---

[7] *Work Loneliness and Employee Performance*, Ozcelik, H. e Barsade, S., California Sacramento University, College of Business Administration, 2018.

gratificazione? Più dai, più riceverai alla fine. L'etica dell'unità dei Royal Marine richiede dedizione alla squadra ma, in cambio, dà un maggiore potenziale di successo e una maggiore forza mentale.

Non essere un "*Jack*". Lavora per sviluppare l'altruismo. Diventa un facilitatore, combinando la compassione con la sicurezza di parlare quando è necessario. Sposta la tua attenzione da te stesso alle persone che ti circondano e alla squadra a cui appartieni, che sia una famiglia o un gruppo di amici o colleghi.

Adattabilità

Il futuro è incerto, non importa quanto attentamente possiamo pianificarlo. Affrontare efficacemente l'inaspettato è ancora più importante per organizzazioni come i Royal Marines. Non sorprende che il secondo elemento dell'ethos dei Royal Marine sia l'adattabilità, la capacità di affrontare efficacemente l'imprevisto.

Tuttavia, l'adattabilità è importante anche in altre aree della vita. Le nuove tecnologie, i cambiamenti sociali e gli sviluppi imprevisti, come la pandemia di COVID 19, implicano che non possiamo dire con assoluta sicurezza come sarà il futuro. Anche all'interno di ogni singola vita ci sono cambiamenti significativi. Questi includono cambiamenti nella carriera e nelle relazioni, trasferimenti in zone diverse e cambiamenti a lungo termine, come diventare genitori e andare in pensione. Tutto ciò di cui possiamo essere veramente certi è che il futuro è incerto.

Il filosofo greco Eraclito lo riassumeva bene più di duemila anni fa:

«Nessuna persona mette mai piede due volte nello stesso fiume, perché non è lo stesso fiume e non è la stessa persona».

Per molte persone, l'incertezza è spaventosa e la prospettiva del cambiamento qualcosa da temere. Le persone di maggior successo, quelle mentalmente forti, non la pensano così. Abbracciano il cambiamento e l'incertezza perché sanno che entrambi portano opportunità. La chiave per mantenere il proprio benessere mentale di fronte al cambiamento è l'adattabilità. Ma cosa si intende? L'American Psychological Association (APA) fornisce un'utile definizione di adattabilità come «*la capacità di dare risposte appropriate a situazioni modificate o mutevoli; la capacità di modificare o aggiustare il proprio comportamento nell'incontrare circostanze diverse o persone diverse* [8].»

Come si sviluppa una mentalità adattabile? Gran parte dell'adattabilità consiste nel modo in cui si vede e si reagisce a fallimenti e problemi. Se impari a rispondere efficacemente al fallimento e a superare i problemi, sarai più sicuro nell'affrontare l'incertezza. Ancora meglio: vedendo nel fallimento un'opportunità di apprendimento, arriverai a vederlo come un altro passo sulla strada del successo. Altrettanto importante è la capacità di rimanere ottimisti, di vedere il cambiamento e la sfida come temporanei e capaci di essere volti a proprio vantaggio.

---

[8] *APA Dictionary of Psychology* (2a ed.). VandenBos, G. R. (Ed.). (2015), American Psychological Association.

Vedere l'opportunità nel cambiamento e avere la forza mentale per rimanere ottimisti sono gli elementi più importanti per affrontare l'incertezza. Per il suo libro *Crucibles of Leadership*, il professor Robert J. Thomas della Georgetown University ha intervistato un certo numero di leader del settore pubblico e commerciale con le migliori prestazioni. Alcune delle caratteristiche condivise più notevoli che ha trovato sono le «*capacità di adattamento*», la capacità di vedere l'incertezza in un contesto positivo e la forza mentale per affrontare il cambiamento. Il professor Thomas ha anche scoperto che essere in grado di affrontare efficacemente l'incertezza aumenta la forza mentale.

L'adattabilità è una delle chiavi per affrontare un mondo in continuo cambiamento. Non si può controllare il futuro, ma si può cambiare la propria mentalità per affrontare più efficacemente qualsiasi cosa possa portare. L'enfasi dei Royal Marines sull'adattabilità è importante per il resto di noi quanto lo è per i soldati del servizio speciale.

Umiltà

La fiducia in se stessi è un elemento importante della forza mentale. Devi imparare a fidarti del tuo giudizio e a seguire il tuo istinto. Tuttavia, se la fiducia in se stessi sconfina nell'arroganza, diventa inutile. Arroganza implica accettazione del fatto che le cose vanno bene così come possono andare, che si è raggiunto un punto in cui si è imparato tutto il possibile. Questo porta a mancanza di progresso. Non importa quanto successo tu abbia: devi sempre rimanere aperto all'apprendimento e al miglioramento, devi essere autocritico, per cercare nuove pratiche e approcci che possano renderti ancora più efficace.

Fare parte della squadra favorisce l'*esprit de corps*, l'orgoglio e la lealtà verso quel gruppo. Questo non deve portare all'arroganza, alla sensazione che la propria squadra sia migliore di qualsiasi altra. All'interno dei Royal Marines, l'addestramento non suggerisce mai che un'unità sia migliore delle altre. Si sottolinea l'importanza di operare con altre unità, ognuna delle quali porta forze e abilità proprie in ogni situazione.

Un certo numero di studi ha dimostrato che l'umiltà è associata a benefici di ogni sorta, tra cui:

- un senso più chiaro degli obiettivi di vita;
- maggiore produttività e armonia sul posto di lavoro;
- relazioni migliori;
- matrimoni più duraturi;
- salute migliore.

L'umiltà è anche direttamente collegata alla creazione di comunità più forti. L'umiltà è l'antidoto all'ego, la parte della nostra mente che si preoccupa solo di noi stessi. L'ego è potente e, se non controllato, può dominare il nostro pensiero e renderci arroganti ed egoisti.

Tuttavia, l'umiltà nel contesto della forza mentale comporta un difficile equilibrio. Hai bisogno della fiducia in te stesso per credere di poter realizzare qualsiasi cosa tu ti prefigga di fare. La fiducia in se stessi dev'essere temperata dal riconoscimento che si può occasionalmente fallire e che c'è sempre spazio per imparare e migliorare. Se vuoi migliorare in tutto ciò che fai, devi prima imparare l'umiltà. O, nelle parole del filosofo greco Socrate:

«La vera conoscenza esiste nel sapere che non si sa nulla».

Molte persone confondono l'umiltà con la debolezza e l'incertezza. È vero invece il contrario. Consiste nell'accettare che nessuna persona sarà mai perfetta o veramente completa, nessuno capirà mai tutto. Forza mentale significa guardare tutto ciò che si raggiunge nel contesto, riconoscere che non importa quanta esperienza si ha o quanto si sa: c'è sempre altro da imparare. Significa essere disposti a chiedere aiuto quando se ne ha bisogno e a imparare da ciò che fanno gli altri. Significa ascoltare davvero le altre persone, cercare un feedback onesto ed essere grati per quello che si ha.

La vita è un viaggio, e la forza mentale ti aiuta a fare progressi nella direzione che hai scelto. Se si permette alla forza mentale di diventare arroganza, ecco che può diventare una barriera. L'arroganza ti farà credere di aver progredito il più possibile. La fiducia temperata dall'umiltà ti garantirà di continuare a progredire verso i tuoi obiettivi.

Esercizio 7: test di umiltà

Esercizio 8: cos'hai imparato oggi?

Forza d'animo

Il quarto pilastro dell'ethos dei Royal Marine è la forza d'animo, la capacità di andare avanti di fronte alle avversità. Gran parte dell'addestramento riguarda lo sviluppo della forza d'animo per affrontare le sfide fisiche e mentali. Ci si aspetta che agiscano da affaticati, di fronte a probabilità apparentemente schiaccianti e di fronte a un pericolo estremo. Di volta in volta. La forza d'animo non riguarda una singola prestazione eccezionale; si tratta di dare costantemente il meglio di sé, in qualsiasi situazione.

Nel contesto della forza mentale, stiamo parlando principalmente di forza mentale piuttosto che fisica. La volontà di perseverare non deve essere confusa con una testarda insistenza nel procedere nella stessa direzione qualunque cosa accada. Abbiamo già discusso del fatto che a volte riconoscere il fallimento e passare a qualcosa di più produttivo è la risposta più efficace. Forza d'animo significa continuare a lavorare verso i propri obiettivi, qualunque cosa accada.

Uno degli elementi più importanti della forza mentale è l'ottimismo. Non devi permettere a te stesso di soffermarti su pensieri pessimistici e di dubitare di te. Ci saranno momenti in cui accadranno cose che vorresti non fossero successe o in cui prenderai decisioni che si riveleranno poi degli errori. Se ti fissi su questi, non sarai in grado di agire efficacemente. Devi invece essere in grado di imparare e andare avanti, lasciandoti questi errori alle spalle. Il tuo atteggiamento definisce il tuo modo di agire. Devi costantemente gestire le tue emozioni e cercare fattori positivi anche nei fallimenti e nelle avversità.

Le persone di maggior successo, quelle che hanno avuto il maggior impatto sul mondo, non sono necessariamente le più intelligenti, le più forti o le più istruite. Sono quasi sempre persone che mostrano un'estrema forza d'animo di fronte alle avversità. Prendiamo l'esempio di un uomo nato in estrema povertà, con due imprese fallite e che si era candidato alle elezioni a livello locale e nazionale per essere sconfitto otto volte. Lo stesso uomo ha sopportato un esaurimento nervoso in seguito alla morte improvvisa della fidanzata d'infanzia. Ha affrontato avversità che la maggior parte di noi non conoscerà mai. Si chiamava Abramo Lincoln, e a cinquantun anni divenne il 16°presidente degli Stati Uniti.

Lincoln contribuì a definire la storia del XIX secolo, e divenne uno dei più famosi leader del mondo. Fu aiutato dalla passione, dalla fiducia in se stesso e dall'intelligenza, ma il suo successo fu dovuto soprattutto alla forza d'animo usata per superare le avversità.

Per avere la forza mentale di un Royal Marine bisogna avere unità, adattabilità e umiltà. Ma anche con tutti questi attributi, senza la forza d'animo di andare avanti quando si incontrano problemi non si raggiungerà mai ciò che si è stabilito di fare.

Capitolo 5: sviluppare la forza mentale

Finora questo libro ha riguardato la comprensione di cosa sia la forza mentale e della sua importanza. Ora è il momento di passare dalla teoria all'applicazione di questa conoscenza alla vita. È il momento di smettere di pensare alla forza mentale e di iniziare a usarla. Prima di iniziare, poniti una domanda fondamentale:

vuoi crescere?

Sviluppare la forza mentale non sarà facile. Richiederà tempo e fatica. Speriamo che ormai tu abbia capito i benefici che porterà, ma il tuo desiderio di crescere e migliorare è abbastanza forte?

Nessun altro può sviluppare la forza mentale al posto tuo. Devi essere in grado di trovare le risorse mentali per continuare. Sei sufficientemente motivato?

Se non sei sicuro, diamo un'occhiata a uno dei pilastri della forza mentale: fissare degli obiettivi. Avere obiettivi chiari fornisce la motivazione necessaria per continuare e permette di valutare i progressi.

Definizione degli obiettivi

Le persone di maggior successo non vanno alla deriva nella vita, inciampando nelle opportunità per caso. Hanno invece obiettivi chiari e definiti per cui lavorare. Tutto il loro tempo e i loro sforzi sono impiegati per lavorare su questi obiettivi. Questa dedizione è una delle differenze più importanti tra le persone che hanno successo e quelle che falliscono.

Prendiamo l'esempio di un imprenditore di successo. Da bambino gli fu regalato un giocattolo, un'automobilina Porsche 911. Amava così tanto l'auto giocattolo che decise di volerne possedere una vera prima dei trentacinque anni. Quando lasciò la scuola, tenne il giocattolo e lo mise sulla sua scrivania, dove poteva vederlo. Divenne la sua prima motivazione. Quando era stanco, scoraggiato o semplicemente perdeva la concentrazione, un'occhiata al lucido modellino gli ricordava ciò per cui stava lavorando e lo rinvigoriva.

Ha fatto abbastanza soldi da potersi comprare una bella Porsche 911 argentata pochi mesi prima del suo trentacinquesimo compleanno. Ora ha più di sessant'anni e possiede una serie di attività di successo. Possiede ancora quella 911, perché gli ricorda la necessità di concentrarsi per raggiungere ciò che si vuole. Senza quell'auto come obiettivo, ammette liberamente che non avrebbe mai trovato la concentrazione per raggiungere il successo.

Ora: sforzarsi di possedere un'auto sportiva può non sembrare un obiettivo particolarmente ammirevole (all'epoca tra l'altro non disse a nessuno di quel suo desiderio). Gli obiettivi sono personali, e se ti tengono concentrato è un bene. Anche obiettivi apparentemente egoistici possono portare benefici ad altre persone. Quell'imprenditore era motivato dal desiderio di possedere una Porsche. Ma sulla strada per raggiungere quell'obiettivo ha costruito diverse imprese che hanno dato lavoro a un certo numero di persone, ed è diventato sufficientemente ricco da poter fare ora regolarmente beneficenza. Il suo obiettivo era del tutto egoistico, ma la concentrazione che ci è voluta ha fornito cose positive lungo la strada.

Il tuo obiettivo non deve essere un'auto di lusso, e nemmeno fare un sacco di soldi. Tuttavia, se hai intenzione di avere successo, hai bisogno di uno o più obiettivi personali chiari.

Gli obiettivi non sono solo vaghe aspirazioni. Per essere efficaci, devono essere SMART. Questo acronimo è molto usato nel mondo degli affari, e sta per:

- **specifico** (semplice, sensato, significativo);
- **misurabile** (significativo, motivante);
- **raggiungibile** (concordato, effettivo);
- **pertinente** (ragionevole, realistico e dotato di risorse, basato sui risultati);
- **a scadenza** (avere una chiara data finale).

Guardiamo i requisiti:

> **Specifico** è abbastanza ovvio. Devi essere in grado di dire quando hai raggiunto un obiettivo. "Voglio essere felice" è comprensibile come obiettivo, per esempio, ma troppo vago. Non ci sarà mai un punto della vita dopo il quale sarai sempre felice. Non si può dire quando si è raggiunto l'obiettivo. Devi pensare a ciò che ti renderà felice e andare più a fondo per trovare obiettivi specifici. Forse essere felici significa essere liberi da preoccupazioni finanziarie. Questo è più chiaro,

ma meglio ancora è un obiettivo specifico come: "Sarò libero da tutti i debiti".

Misurabile è anch'esso semplice. Di nuovo, un obiettivo vago non funzionerà. Per esempio, non si possono misurare concetti come "felicità" o "preoccupazione". "Sarò libero da tutti i debiti" è molto meglio perché si può misurare chiaramente quando si è raggiunto l'obiettivo.

Raggiungibile significa proprio quello che dice. Gli obiettivi sono le cose che ti motivano e ti tengono concentrato. Ma se non sono raggiungibili porteranno semplicemente allo scoraggiamento e alla perdita di concentrazione. Quindi, sii realistico. Puoi davvero raggiungere ciò che ti sei prefissato? Riesci a vedere un percorso chiaro e definito che utilizzi le capacità e l'esperienza che hai (o che puoi ottenere) per raggiungere l'obiettivo? In caso contrario, probabilmente non è raggiungibile.

Pertinente si riferisce al fatto che l'obiettivo sia davvero importante per te. È qualcosa che vuoi veramente e nel quale sei disposto a impegnare tempo e fatica? Raggiungere quell'obiettivo ti motiverà?

A scadenza significa fissare una data finale per raggiungere l'obiettivo. Ti aiuterà a rimanere concentrato e ti darà qualcosa per cui lavorare. Quindi, "Sarò senza debiti entro tre anni" è un obiettivo ancora migliore.

Per essere più efficaci, gli obiettivi dovrebbero essere sempre positivi. "Farò un corso di formazione per diventare più efficiente sul lavoro" è un obiettivo positivo. "Voglio fare meno casini" no. Gli obiettivi positivi supportano una mentalità positiva e, come abbiamo già detto, il pensiero positivo è una parte importante dello sviluppo della forza mentale. Gli obiettivi sono importanti anche perché aiutano a non fare affidamento su una convalida esterna. Molti di noi giudicano il bene che stiamo facendo basandosi sulle opinioni degli altri. Le opinioni altrui non sono affidabili perché gli altri non sempre hanno in mente i nostri migliori interessi. Gli obiettivi personali ti danno un modo oggettivo di giudicare i progressi che stai facendo e ti rendono più facile ignorare o trascurare consigli e opinioni inutili.

Devi anche assumerti la responsabilità dei tuoi obiettivi. Ricorda che questi obiettivi non sono destinati a impressionare altre persone. Devono essere obiettivi che contano veramente per te. Se adotti un obiettivo perché ti senti in dovere di farlo, non ci metterai mai l'impegno necessario a raggiungerlo. Prendiamo per esempio il dimagrimento. Molti di noi probabilmente sentono che potremmo anche perdere qualche chilo, ma questa riflessione è davvero così importante per noi da diventare un obiettivo? Molti di noi hanno iniziato una dieta o hanno cercato di adottare abitudini alimentari sane, ma non sono riusciti a mantenerle. Generalmente attribuiamo questi fallimenti a una mancanza di forza di volontà o di autodisciplina, ma la vera causa è spesso che non siamo completamente impegnati in un particolare obiettivo.

L'obiettivo semplicemente non ci dà la motivazione di cui abbiamo bisogno.

I tuoi obiettivi devono essere davvero importanti per te. Che si tratti di salvare il mondo o possedere una macchina sportiva scintillante dipende dai tuoi interessi. Sii assolutamente e completamente onesto con te stesso quando stabilisci gli obiettivi personali.

Avere degli obiettivi non creerà la forza mentale. Ma ti aiuteranno a fare e sostenere lo sforzo necessario per raggiungerla. Senza obiettivi, sei smarrito e alla deriva. Con gli obiettivi, hai una tabella di marcia per il viaggio da fare e una forte motivazione per raggiungere la destinazione.

Esercizio 9: fissare obiettivi personali

I sogni non sono obiettivi

Prima di andare avanti, dobbiamo menzionare brevemente un'importante distinzione tra sogni e obiettivi. "Segui il tuo sogno" è un consiglio che magari hai sentito; sembra giustissimo ma in verità non è né utile né generalmente realizzabile. I sogni sono vaghe aspirazioni. Sentiamo storie di persone che hanno seguito un sogno per creare un business di successo o hanno trovato il successo in qualche altro campo. Il problema è che sentiamo solo le persone che hanno successo, non il numero molto più grande di quelle che finiscono senza un soldo e disilluse perché inseguono un sogno senza speranza.

I sogni sono preziosi. Forniscono passione, impegno e speranza. Se confondi i sogni con gli obiettivi, probabilmente sei diretto al disastro. Come si capisce la differenza? Gli obiettivi sono SMART. Cioè, se verifichi che siano specifici, misurabili, raggiungibili, pertinenti e a scadenza, ottieni risposte chiare e definite. I sogni non sono SMART, e non si può definire un percorso chiaro per raggiungerli. Non abbandonare i tuoi sogni, ma non confonderli con gli obiettivi, che invece ti daranno concentrazione e impegno ogni singolo giorno.

Uccidere l'autocommiserazione

L'autocommiserazione, il dispiacere per se stessi e il sentire che tutti i problemi che si affrontano non sono colpa propria, sono i primi nemici della forza mentale. Se vuoi diventare mentalmente forte, devi bandire l'autocommiserazione.

Le persone mentalmente toste hanno il controllo della loro vita. Conoscono sia i loro punti di forza sia le loro debolezze, e usano questa conoscenza per raggiungere i propri obiettivi. Se falliscono, accettano la responsabilità, imparano dal processo e vanno avanti. Le persone che soffrono di autocommiserazione incolpano altri, le circostanze o il mondo in generale quando le cose vanno male. Vedono il loro posto nella vita come passivo, e spesso si lamentano con veemenza della situazione. Pensa alle persone che conosci che passano molto tempo a lamentarsi. Hanno successo? In genere la risposta è no. Le persone che si abbandonano all'autocommiserazione sono molto più propense ad arrendersi di fronte alle sfide, semplicemente perché ritengono di non avere la capacità di cambiare le cose. Chi si lamenta generalmente manca di forza mentale, e le persone di successo generalmente non si lamentano nemmeno quando affrontano le avversità.

L'autocommiserazione è una scelta: non ci si nasce. È un modo di pensare che può radicarsi profondamente nella personalità e minare tutto ciò che si fa. Se ti sorprendi a lamentarti, fermati. Lamentarsi non cambia nulla. Rafforza semplicemente la visione che ha a che fare con forze al di fuori del tuo controllo e dice agli altri che hai un atteggiamento passivo.

Se sei infelice per qualcosa, pensa invece a cosa puoi fare per cambiare la situazione. Fai dei passi per far sì che le cose che vuoi accadano. Se l'atteggiamento o il comportamento di qualcuno sta causando problemi, diteglielo in un modo che non lo farà sentire risentito e arrabbiato. Se le circostanze ti impediscono di ottenere qualcosa, pensa a come puoi apportare dei cambiamenti per migliorare le cose. Se non è possibile, prova a riformulare il problema. Puoi cambiare ciò che stai cercando di ottenere in qualcosa di possibile?

Ma soprattutto, sii un realizzatore attivo, non uno che si lamenta. Se senti un'improvvisa fitta di autocommiserazione quando le cose vanno male, c'è un antidoto chiamato gratitudine. La maggior parte di noi, e in particolare quelli di noi che vivono nel mondo sviluppato, hanno molto di cui essere grati. Si tratta spesso di circostanze che diamo per scontate o a cui non pensiamo affatto. Prenditi un momento per considerare cosa ti fa sentire grato.

Esercizio 10: cose di cui essere grati

Forza di volontà e autodisciplina

Hai bisogno sia della forza di volontà sia dell'autodisciplina per sviluppare l'abitudine alla forza mentale. Vale la pena prenderci un momento per vedere cosa intendiamo con questi termini perché, anche se sono spesso usati come sinonimi, sono diversissimi.

La forza di volontà è la capacità di rimandare la soddisfazione delle tentazioni a breve termine per raggiungere obiettivi a lungo termine. Quando non si mangia un dolcetto perché si è a dieta, ecco la forza di volontà. La forza di volontà è importante, ed è qualcosa che molti di noi sentono di non avere. Gli intervistati al sondaggio annuale *Stress in America* (condotto dall'*American Psychological Association)* citano regolarmente la mancanza di forza di volontà come la ragione principale per cui non sono in grado di persistere nei cambiamenti positivi della vita. Molte persone credono che la forza di volontà sia una risorsa finita, come il carburante nel serbatoio di un'auto. Ogni giorno si consuma la propria riserva di forza di volontà e diventa sempre più difficile resistere alle tentazioni.

L'autodisciplina è simile, ma non si tratta di resistere alla tentazione. Piuttosto si tratta di prendere decisioni che sostengano direttamente il raggiungimento di un obiettivo a lungo termine. Una percezione errata comune è che l'autodisciplina sia qualcosa di sgradevole o addirittura ossessivo, ma non è così. Si tratta di prendere il controllo e prendere decisioni che sostengano i propri obiettivi a lungo termine. La forza di volontà può diminuire ogni giorno, ma l'autodisciplina è sempre lì per sostituirla. Quando hai sia forza di volontà sia autodisciplina, sarai sempre in grado di trovare la capacità di continuare, qualunque cosa accada.

Né la forza di volontà né l'autodisciplina sono intrinseche. Entrambe possono essere sviluppate e rafforzate attraverso la ripetizione. Entrambe sono strettamente legati a obiettivi a lungo termine. Non puoi prendere decisioni che sostengano il tuo futuro a lungo termine se non sai come vuoi che sia questo futuro. Entrambe sono anche strettamente associate alla capacità di posticipare la gratificazione, alla capacità di rifiutare una tentazione immediata per fare progressi verso un obiettivo a lungo termine. Cosa puoi fare per aumentare la tua forza di volontà e l'autodisciplina? Ecco quattro strategie collaudate:

> **Rimuovere distrazioni e tentazioni.** È più facile resistere alle tentazioni quando le rimuovi dal tuo ambiente immediato. Se hai un problema con il cibo spazzatura, per esempio, sbarazzati di tutto il cibo spazzatura nel tuo frigorifero e tieni la tua area di lavoro libera da snack. Se sei incline a passare le serate e i finesettimana davanti alla televisione invece di fare qualcosa di produttivo, non accendere automaticamente la tv non appena varcata la soglia di casa. Trova un posto per lavorare da dove non si veda il televisore. Fa' in modo che guardare la televisione sia una ricompensa, una cosa da fare dopo aver completato un compito.
>
> **Fai un piano.** Pensa a come sviluppare la forza di volontà e l'autodisciplina. Per esempio, lo stress e la stanchezza possono portarti a prendere decisioni istintive basate sulla soddisfazione della gratificazione a breve termine. L'esercizio fisico

riduce lo stress e rende meno inclini alla fatica. Fa' un piano che includa l'esercizio fisico nella tua routine quotidiana. Mangia pasti regolari, piccoli e sani. Livelli di zucchero nel sangue troppo bassi o troppo alti possono ridurre sia la forza di volontà sia l'autodisciplina.

Non cercare di fare troppo e troppo in fretta. Non si può trasformare la pigrizia in impegno assoluto nel giro di una notte. La forza di volontà e l'autodisciplina possono diventare abitudini (e parleremo più avanti della formazione di abitudini positive), ma queste nuove abitudini richiedono tempo per formarsi. Pianifica invece piccoli passi coerenti per un periodo di settimane o mesi. Festeggia i progressi e impara a riconoscere che la forza di volontà e l'autodisciplina non sono cose sgradevoli. Sono i segnali che dicono che hai veramente il controllo della tua vita.

Impara a concentrarti. Se riesci a dare il cento per cento della tua attenzione a ciò che stai facendo in questo momento, non solo avrai prestazioni migliori ma anche molte meno probabilità di distrarti o cedere alle tentazioni. Come si impara a concentrarsi? Facendolo! Dividi la giornata in segmenti in cui occuparsi di un singolo problema. Concentrati su quel problema e su nient'altro finché non è risolto. Non fare pause se non tra un segmento e l'altro, e pianifica le pause in modo da avere tempo per mangiare e fare esercizio. Prendersi del tempo dal proprio programma per un allenamento, una camminata veloce o uno spuntino sano non è tempo sprecato. L'esercizio fisico e un'alimentazione sana migliorano la capacità di concentrazione e aumentano la forza di volontà e l'autodisciplina.

Esercizio 11: forza di volontà e autodisciplina

Abbracciare la noia è la chiave della padronanza

Padroneggiare qualsiasi attività implica noia. Se vuoi imparare a suonare uno strumento musicale, dipingere, scrivere, fare un nuovo sport o semplicemente migliorare in quello che già fai, devi passare del tempo a fare pratica. Devi ripetere l'attività più e più volte finché non riuscirai a eseguirla senza pensarci. Per molte persone, il pensiero di fare la stessa cosa ripetutamente sembra noioso e scoraggiante. Ma la forza mentale richiede di fare amicizia con la ripetizione e di imparare a non evitarla, ma anzi ad abbracciarla.

Comincia ad accettare il fatto che fare bene qualsiasi cosa richiede una ripetizione senza fine. Non importa quanto talento naturale tu possa avere o quali abilità innate tu abbia: è così. Si applica anche alle attività creative che crediamo spontanee, come scrivere e dipingere. L'autore di cui ami i libri non si è semplicemente alzato una mattina dicendosi: «Ehi, penso che scriverò un libro». Ha passato anni a perfezionare il mestiere, scrivendo giorno dopo giorno finché non è stato in grado di scrivere in modo coinvolgente e divertente. Prendiamo l'esempio dell'artista Pablo Picasso. Guardando i suoi dipinti cubisti e surrealisti si potrebbe pensare che siano stati fatti in un'improvvisa esplosione di ispirazione e con poca riflessione alle spalle. Tuttavia, prima di pensare a dipingere in un modo così innovativo Picasso ha passato diciassette anni a imparare le tecniche della pittura convenzionale. Solo quando ebbe la padronanza assoluta di queste abilità passò a dipinti che sembrano creati spontaneamente.

Non importa quale talento innato tu abbia: padroneggiare una nuova abilità richiede tempo e ripetizione.

Devi padroneggiare elementi di qualsiasi mestiere pratichi. La padronanza probabilmente non implicherà una grande creatività, ma anche se stiamo parlando delle capacità di usare fogli di calcolo o software di contabilità, è essenziale che tu ce l'abbia. Perché? Perché la padronanza è un prerequisito fondamentale per la fiducia necessaria a fidarsi delle proprie competenze e capacità. Senza questa fiducia, non raggiungerai mai la forza mentale.

Come ci si sente a proprio agio con la noia? Il primo passo è riconoscere di annoiarsi. Al nostro cervello piace essere stimolato da cose nuove e, se ci troviamo di fronte a un compito familiare, possiamo ritrovarci con la mente alla deriva. Possiamo cercare di trovare scuse per non svolgere l'attività in questione. Queste risposte a compiti familiari sono normali ma, una volta riconosciuto che sei annoiato (o che stai cercando di evitare la sensazione), puoi iniziare ad affrontare le emozioni che questa noia porta con sé.

Avere gli obiettivi personali di cui abbiamo parlato prima aiuta molto ad affrontare la noia. Se hai l'equivalente di una Porsche giocattolo sulla scrivania, ecco che ti ricorderà perché stai facendo quello che stai facendo, fornendoti la motivazione per continuare. Puoi anche ricordare a te stesso che ogni ripetizione di un compito banale ti avvicina alla padronanza.

Ci sono anche semplici strategie per rendere i compiti ripetuti un po' più facili. Cronometrati sui compiti e trasformali in un gioco per cercare di battere il tuo record. Datti una piccola ricompensa, se ci riesci. Prova a programmare la giornata alternando compiti familiari ad altri nuovi. Prova la meditazione. Non è necessario lasciare la scrivania e mettersi nella posizione del loto sul pavimento. Gli studi hanno dimostrato che prendersi anche solo due minuti per non fare altro che sedersi e concentrarsi completamente sul respiro può ridurre lo stress e aumentare la concentrazione.

Ricordati che, per quanto improbabile, la noia può effettivamente stimolare la creatività. Uno studio del 2014 condotto dalla University of Central Lancashire[9] ha preso in esame due gruppi. A uno è stato dato un compito stimolante: scrivere qualcosa di nuovo. All'altro uno noioso. È stato chiesto loro di copiare dei numeri da un elenco telefonico. Subito dopo, a entrambi i gruppi è stato chiesto di completare un compito che richiedeva creatività e pensiero originale. Il gruppo che era stato impegnato nel compito noioso ha sempre fatto meglio. Ecco perché intervallare compiti noiosi con altri creativi può funzionare.

La noia è temporanea. Il successo no.

---

[9] *Does Being Bored Make Us More Creative?* Mann, Sandi e Cadman, Rebekah, University of Central Lancashire, Creativity Research Journal, 2014.

Noterai che non abbiamo parlato della noia dovuta al non aver niente da fare. La ragione è semplice: se hai obiettivi chiari sostenuti da forza di volontà e autodisciplina, <u>non avrai mai</u> niente da fare. C'è sempre qualcosa da fare per avvicinarti agli obiettivi. Leggi come altre persone hanno avuto successo, impara nuove abilità o semplicemente fai dei lavori in casa per vincere la pigrizia e rafforzare la forza di volontà e l'autodisciplina.

<u>Esercizio 12: noia</u>

È il momento giusto di fermarsi?

Abbiamo già parlato di come affrontare il fallimento e del valore della persistenza, ma dobbiamo anche parlare di come capire quando fermarci. Le persone mentalmente tenaci sanno come continuare a superare le avversità, ma sanno anche qual è il momento giusto per smettere. Questa strategia è conosciuta come "smart quitting" ed è un'importante qualità delle persone di maggior successo. Nel 2008 due psicologi americani, Heather Lench e Linda Levine, hanno condotto un affascinante esperimento[10] sul valore di fermarsi. Ai soggetti è stato chiesto di completare una serie di anagrammi. Il test era a tempo e ai partecipanti è stato detto di completare gli anagrammi in ordine. Il primo però era irrisolvibile. Le uniche persone che ottennero un buon punteggio furono quelle che rinunciarono al primo e continuarono con il resto. I soggetti con obiettivi positivi finalizzati al raggiungimento del successo hanno ottenuto un punteggio costantemente

---

[10] *Goals and Responses to Failure: Knowing When to Hold and When to Fold Them*, di Heather C. Lench e Linda J. Levine, Motivation and Emotion, 2008.

buono. Quelli con obiettivi negativi volti a evitare il fallimento spesso si bloccavano sul primo anagramma.

Avere obiettivi positivi è importante per smettere, ma devi anche essere sicuro di fermarti per le giuste ragioni. Fermarsi perché si è stanchi o perché continuare sembra difficile non è mai una buona idea. Anche farlo a causa di una risposta emotiva alle battute d'arresto o perché si è preoccupati di ciò che penseranno gli altri non è utile. Al contrario, non smettere perché si ha paura del fallimento o di quello che penserà la gente o perché si è già investito tanto tempo e sforzo in qualcosa (la "fallacia dei costi irrecuperabili") non è utile.

È necessario invece dare un'occhiata obiettiva ai progressi o alla loro mancanza. Devi pensare a come i tuoi sforzi attuali stanno contribuendo al raggiungimento dei tuoi obiettivi. Devi valutare se il tuo tempo e i tuoi sforzi potrebbero essere spesi meglio in un'altra area. Soprattutto, devi capire che smettere non equivale a un fallimento, purché si impari dall'esperienza. La perseveranza è importante, ma la vera forza mentale consiste nel riconoscere il momento in cui rifocalizzare le proprie energie su qualcosa di diverso perché è il modo migliore di procedere.

Esercizio 13: sapere quando fermarsi

Rendere positiva la propria voce interiore

Tutti noi abbiamo una voce interiore che fornisce un commento costante alla nostra vita. Ci siamo così abituati che non la sentiamo più. A volte è necessario uno sforzo cosciente per ascoltare ciò che sta dicendo. Alcune persone trovano la meditazione un buon modo per imparare a sentirla. Se riusciamo ad ascoltarla, molto spesso risulta critica e negativa: mina la nostra fiducia e deride i nostri sforzi per cambiare. Non importa con quanta fatica ci proviamo: la voce potrebbe dirci che non avremo mai successo, che non siamo abbastanza bravi. Da dove viene? Nessuno ne è certo, anche se la maggior parte degli esperti pensa che abbia origine durante l'infanzia. Tutti hanno questa voce interiore, anche le persone più sicure e mentalmente forti. Diventa un problema se le permetti di controllare il tuo comportamento. Questa voce interiore può essere l'opposto della forza mentale, ma la buona notizia è che si può imparare a esserne più consapevoli e a riconoscere ciò che dice come spurio e inutile.

Il primo passo per ridurre l'impatto del proprio critico interiore consiste nell'ascoltare effettivamente ciò che dice. Mentre ci sforziamo di migliorare, la voce interiore potrebbe sussurrarci che non avremo mai successo. Quando stiamo cercando di avere successo in qualcosa di nuovo, potrebbe dirci che falliremo sempre. Quella voce interiore può essere utile, può aiutarci a regolare il nostro comportamento e a non ripetere gli errori del passato. Ma spesso si blocca in schemi negativi che possono minare tutto ciò che facciamo. Se becchi la voce interiore a dirti qualcosa di negativo, fermati un momento per esaminare obiettivamente ciò che ti sta dicendo.

Il fallimento è spesso un punto focale per il critico interiore. Adora tirare in ballo i fallimenti passati e usarli come prova della probabilità che tu fallisca di nuovo. Ma, come abbiamo già detto, il fallimento non è cosa di cui aver paura. Se ascolti la voce interiore non tenterai mai nulla che implichi un rischio di fallimento, il che significa essenzialmente non tentare mai nulla. Se impari a vedere il fallimento come un'opportunità e un passo verso il successo finale, questo passo minimizzerà l'effetto della voce interiore. Molte cose che dirà il vostro critico interiore possono essere contrastate in questo modo, guardandole obiettivamente e soppesando le prove. Per riuscire, il critico interiore fa leva su una risposta emotiva a ciò che dice. Se riesci a usare la logica e l'analisi per diminuire tale risposta, riduci l'impatto negativo della voce.

È anche importante guardare le persone con cui trascorri il tempo e valutare l'effetto che hanno sul tuo stato d'animo. Alcune persone sono così inesorabilmente negative e pessimiste che assomigliano molto a una versione viva e vegeta di quel critico interiore. Anzi: il tuo critico interiore si impadronirà di ciò che queste persone dicono, dicendoti: "Guarda, avevo ragione!" Conosci qualcuno così? Se sì, meglio passarci meno tempo insieme. Tutto quel pessimismo può essere contagioso! Cerca invece persone che condividano il tuo ottimismo e la tua visione positiva.

Pensare ad altre persone può essere un altro buon modo per affrontare il critico interiore. Immagina che un amico venga da te a spiegarti che una voce interiore negativa lo fa dubitare delle sue capacità e abbandonare i suoi piani. Cosa gli consiglieresti? Probabilmente cercheresti di capire cos'è che il critico interiore sta minando, e poi useresti la logica per evidenziare i punti di forza di quella persona e come potrebbe usarli per superare i potenziali problemi. Parte del problema è che è molto più facile vedere l'ovvio negli altri che in noi stessi, e la maggior parte di noi trova più facile essere compassionevole con gli altri che con sé.

Un'altra strategia per affrontare un critico interiore negativo è usare un approccio psicologico noto come "saggio avvocato". Questo approccio comporta la visualizzazione di una persona. Può essere un parente, un amico, qualcuno che conosci (o hai conosciuto) o anche una figura storica di cui ammiri i risultati. Non importa chi è. Questa persona visualizzata deve essere saggia, compassionevole, gentile, di sostegno, e deve veramente preoccuparsi e volere il meglio per te. Deve anche essere una persona di cui rispetti le opinioni e i consigli. Immagina di descrivere una situazione a questa persona. Come risponderebbe e cosa ti consiglierebbe di fare? La guida di questo saggio avvocato sarà sempre positiva e nel tuo migliore interesse. Visualizzare ciò che ti consiglierebbe può essere un potente antidoto ai messaggi negativi del critico interiore.

Quella voce interiore soddisfa uno scopo utile: ci aiuta a evitare comportamenti compulsivi facendoci mettere in discussione ciò che abbiamo intenzione di fare e facendoci chiedere se è davvero una buona idea. Diventa un problema per molte persone quando si fa inesorabilmente pessimista e poco incoraggiante, minando la nostra fiducia e la volontà di provare cose nuove. Devi imparare ad ascoltare ciò che dice. Così potrai cominciare a riconoscere quando ti sta dando un cattivo consiglio. Usare i consigli del tuo saggio avvocato ti aiuterà a diminuirne l'impatto.

Esercizio 14: ascoltare e dirigere il critico interiore

Stabilire l'abitudine alla forza mentale

Le abitudini sono potenti motori del comportamento umano. Incidono su quel che facciamo ogni giorno molto di più di quanto la maggior parte di noi si renda conto. Ma cosa sono? In generale, sono comportamenti che facciamo senza pensiero cosciente o pianificazione. Possono essere utili perché non dobbiamo pensare a compiti spesso ripetuti. Prendi il tragitto mattutino per il lavoro, per esempio. Vai da casa al posto di lavoro, e la maggior parte delle persone durante il tragitto non pensa nemmeno una volta a quando svoltare o premere l'acceleratore. Sono azioni abituali a cui non dobbiamo più pensare, e lasciano la mente libera di concentrarsi sui segnali, sul traffico e sui pedoni.

Tuttavia, le abitudini possono anche essere distruttive e inutili. Imparare a gestire lo stress attraverso l'alcol per esempio è del tutto inutile. Qualsiasi situazione stressante può farci venire voglia di bere, anche quando bere è completamente inappropriato. Se lasciamo che la paura del fallimento diventi un'abitudine che ci blocca dal raggiungimento degli obiettivi, è inutile. Prima di parlare di come formare abitudini positive, dobbiamo capire un po' di psicologia e fisiologia delle abitudini.

In psicologia esiste la regola di Hebb, che afferma che quando le cellule nervose del cervello sono attivate nello stesso schema ripetutamente, alla fine formano un circuito neurale fisso. Più questo circuito viene usato, più forte diventa. Un'analogia è pensare di camminare su un terreno accidentato. Inizialmente potresti scegliere qualsiasi percorso, ma con il tempo un sentiero si consuma nel sottobosco. Quando successivamente si viaggia in zona, è molto più probabile che si ritorni sui propri passi.

Allo stesso modo, quando impariamo a usare l'alcol in risposta allo stress ecco che questa risposta alla fine diventa un circuito neurale fisso nel nostro cervello, un'abitudine. Se ci sentiamo stressati, il cervello ci dice che un drink è la risposta. Se temiamo il fallimento, il cervello ci dice che la risposta è evitare tutto ciò che comporta un rischio di fallimento. Per fortuna questi circuiti non sono fissati in modo permanente, come invece si credeva in precedenza. Si possono invece creare nuovi circuiti neurali e scartare i vecchi. La capacità del cervello di formare nuovi circuiti neurali è stata dimostrata in vittime di ictus che sono state in grado di riassegnare comportamenti anche fondamentali, come camminare, a nuove parti del cervello.

Gli psicologi definiscono questa capacità del cervello di riformare i circuiti neurali "plasticità". Il trattamento di condizioni come l'abuso di alcol e sostanze e di comportamenti compulsivi ha portato a un'altra scoperta: la "neuroplasticità auto-diretta". Sembra complicato, ma in realtà non lo è. Significa semplicemente che, se si fa uno sforzo cosciente per adottare un nuovo comportamento, questo alla fine viene incorporato in nuovi circuiti neurali. In altre parole, diventa un'abitudine.

Pensaci un attimo: è sia incredibilmente potente sia liberatorio. Se riesci a identificare un nuovo comportamento che vuoi rendere automatico, tutto quello che devi fare è mantenerlo fino a quando si forma un nuovo circuito neurale, e diventerà un'abitudine. Quanto tempo ci vorrà? Non c'è una risposta definitiva. Sembra dipendere dall'individuo e dal comportamento. La maggior parte delle stime suggerisce un periodo tra i trenta e i novanta giorni. Ciò che è certo è che se sei in grado di mantenere un comportamento nuovo e positivo abbastanza a lungo, questo processo cambierà effettivamente il tuo cervello.

Ci sono diversi metodi per riqualificare il cervello, ma uno dei più popolari è l'approccio in quattro fasi sviluppato dal dottor Jeffrey M. Schwartz[11].

- Il passo 1 è imparare ad ascoltare la propria voce interiore e, in particolare, quelli che il dottor Schwartz chiama "messaggi ingannevoli del cervello". Sono i messaggi della voce interiore che hai imparato a riconoscere come inutili e falsi.
- Il passo 2 è il reframing. Imparare ad analizzare questi messaggi e vedere quali ti impediscono di raggiungere i tuoi obiettivi.
- Il passo 3 è la rifocalizzazione, o intraprendere deliberatamente comportamenti nuovi e più positivi. Anche eseguendo il nuovo comportamento mentre sei ancora turbato dal critico interno comincerai a creare i circuiti neurali che supportano i nuovi comportamenti.
- Il passo 4 è la rivalutazione, continuare a valutare obiettivamente i messaggi che arrivano dal critico interiore e riconoscere quelli ingannevoli.

Vediamo un semplice esempio. Quando torni a casa dal lavoro sei stanco e probabilmente stressato. La tua abitudine è quella di prendere una birra e accasciarti

---

[11] *You Are Not Your Brain: The 4-Step Solution for Changing Bad Habits, Ending Unhealthy Thinking, and Taking Control of Your Life* di Jeffrey M. Schwartz M.D. e Rebecca Gladding M.D., Avery, 2011.

davanti alla televisione, cosa che fai per tutta la sera. Ogni sera. Ben presto, prendere birra e telecomando diventano abitudini incorporate nei circuiti neurali, che si attivano ogni volta che si entra dalla porta dopo il lavoro. Quello che vorresti fare è un po' di esercizio la sera, una passeggiata, in palestra o facendo una corsetta. Ma sembra tutto troppo faticoso, e invece ti ritrovi a passare ogni sera sul divano prima di andare a letto, irritato con te stesso e un po' disgustato dalla tua incapacità di fare qualcosa di più produttivo.

La buona notizia è che puoi cambiare questo comportamento. La cattiva è che dipende tutto da te. Devi davvero voler cambiare, ed è qui che avere obiettivi chiari aiuta. Se ti siedi e scrivi cosa vuoi, ecco che ti chiarisci cosa vuoi cambiare. Se uno di questi obiettivi è metterti più in forma e magari dimagrire un po', allora va bene. Poi devi effettivamente fare uno sforzo cosciente per non andare al frigorifero e accendere la televisione al ritorno dal lavoro. Devi costringerti a fare una passeggiata o una corsa o andare in palestra. All'inizio sarà molto difficile, perché i tuoi circuiti neurali esistenti ti dicono che è tutto sbagliato, che invece dovresti bere qualcosa e guardare le soap. Concentrarsi sui propri obiettivi aiuta a trovare la motivazione per dare inizio al nuovo comportamento. Questa motivazione è mantenuta dalla consapevolezza che stai permanentemente ricablando il tuo cervello in un modo più positivo.

Presto, al ritorno dal lavoro, ti ritroverai a non vedere l'ora di fare quella passeggiata o quella corsetta. Prenderai automaticamente le scarpe da corsa invece di andare al frigorifero. E quando andrai a letto, proverai la soddisfazione di sapere di fare progressi verso i tuoi obiettivi e di essere un po' più in forma. Sbarazzarsi delle abitudini indesiderate e adottarne di nuove e più positive è davvero semplicissimo. Non troppo però, perché dovrai costringerti a intraprendere la nuova attività anche mentre i circuiti neurali esistenti ti dicono di fare altro. Superare quei messaggi del cervello richiede determinazione e impegno, ma puoi farlo e puoi continuare fino a quando il nuovo comportamento non sarà un'abitudine.

Anche gli elementi di forza mentale descritti in questo capitolo possono diventare abitudini. Con obiettivi chiari a dare la motivazione, è possibile stabilire nuovi comportamenti che ti permetteranno di:

- uccidere l'autocommiserazione;
- aumentare la forza di volontà e l'autodisciplina;
- affrontare meglio la noia;
- sapere quando smettere e rifocalizzarsi;
- pensare positivamente.

Adottando questi comportamenti, potrai riqualificare il tuo cervello per accettare automaticamente e costantemente le abitudini della forza mentale. Tutto quello che devi fare è decidere da dove iniziare.

Esercizio 15: identificare un comportamento da cambiare

Capitolo 6: lista di controllo in 10 passi per la forza mentale

Questo capitolo finale fornisce una revisione di tutto ciò di cui abbiamo parlato sotto forma di dieci titoli, ognuno seguito da domande. Leggi ogni sezione e rispondi alle domande.

Non si tratta di un test. Non ti verrà dato un punteggio alla fine che stabilirà se hai raggiunto o meno la forza mentale. Parliamo invece di punti di revisione forniti come valutazione dei progressi fatti. Potrebbe essere un bene tornare più volte su questa sezione per rivalutare quanto sei stato in grado di sviluppare la forza mentale. Leggi le domande e pensa alle risposte che dai. Se rispondi "No" a qualche domanda, pensa a cosa devi fare per cambiare la risposta in "Sì". Torna indietro e leggi la parte pertinente del libro per avere una guida, e intraprendi l'azione richiesta.

1. Assumiti la responsabilità

Il primo passo verso lo sviluppo della forza mentale è l'assunzione di responsabilità. Si divide in due parti. La prima è accettare di avere la capacità di fare una scelta in vista di uno sviluppo della propria forza mentale. Questo libro spiega cos'è la forza mentale e perché è importante, ma solo tu puoi scegliere di incorporarla nella tua vita.

Hai fatto questa scelta e ti sei impegnato a fare il necessario? Se hai intenzione di avere successo, devi davvero essere in grado di rispondere "Sì!" senza alcuna riserva. Se non ci riesci, forse hai bisogno di rivedere gli obiettivi personali creati nell'esercizio 9. Questi obiettivi devono essere sufficientemente importanti per te da renderti incline a fare lo sforzo necessario per raggiungerli.

La seconda parte consiste nell'accettare di avere la capacità di scegliere ciò che si fa e, in particolare, di scegliere come rispondere ai problemi e alle battute d'arresto. Se ti ritrovi a lamentarti di altre persone o circostanze, fermati! Se le cose non vanno come previsto, chiediti cos'avresti potuto fare diversamente per cambiare il risultato. Lamentarsi non porta a nulla. Rimanere concentrati su ciò che la prossima volta si potrà fare diversamente fa davvero la differenza. Puoi scegliere di vedere il mondo come un luogo in cui sei impotente, oppure puoi scegliere di cambiare attivamente la tua vita attraverso la forza mentale.

- Sei pronto a impegnarti a diventare mentalmente forte?
- Ti sei impegnato a diventare un realizzatore attivo, e non un passivo che si lamenta?

2. Controlla le emozioni

Le emozioni sono importanti, e tutti noi vi siamo soggetti. Per diventare mentalmente forti, bisogna padroneggiarle. Il primo passo verso questa padronanza è comprendere chiaramente le emozioni che ti colpiscono e vedere da dove vengono. La meditazione può aiutare. Non è necessario meditare a lungo né adottare la posizione del loto. Concediti solo cinque minuti in un posto dove non sarai disturbato o interrotto. Chiudi gli occhi e non pensare a nulla, tranne che al tuo respiro.

Cosa senti? La maggior parte delle persone si sente rinfrescata e rinvigorita, ma dovresti anche diventare consapevole della tua voce interiore e delle emozioni che provoca. Sarai anche in grado di vedere come questi sentimenti ti fanno agire. Le emozioni positive portano a comportamenti positivi. La gioia e la contentezza portano a un comportamento guidato dalla compassione e dalla gentilezza. La gelosia e il senso di colpa fanno agire in modo poco gentile verso gli altri. Tuttavia, anche solo diventare semplicemente consapevoli delle emozioni negative può diminuirne l'effetto.

L'empatia è una parte fondamentale della forza mentale, e ci permette di capire le emozioni degli altri. Senza di essa, le relazioni personali e lavorative sono molto più difficili e meno produttive.

- Sei veramente consapevole delle emozioni negative che provi?
- Riesci a vedere come queste emozioni ti fanno agire in modo negativo?
- Hai delle strategie per affrontare queste emozioni?
- Capisci le emozioni che provano gli altri e riesci a identificare come queste emozioni fanno agire gli altri?

3. Pensa positivo

Le emozioni negative possono essere bandite con uno sforzo cosciente. Quando ti rendi conto di provare autocommiserazione, rabbia o preoccupazione, fa' uno sforzo per pensare alle cose di cui sei grato. Quando ti ritrovi concentrato su fallimenti e delusioni, fai invece lo sforzo di pensare al successo e alla realizzazione. Più ti crogioli nei sentimenti negativi, più questi mineranno la tua determinazione e ti faranno perdere energia.

Ascolta la tua voce interiore. Cosa ti sta dicendo? È critica e negativa, si concentra sulle debolezze percepite e ti dice che stai per fallire? Oppure è di sostegno, guarda ai successi passati e ti dice come usare i tuoi punti di forza per avere successo? Se è negativa, puoi affrontarla con logica e obiettività. Se dimostri che è irragionevolmente pessimista, puoi allenarla invece ad accentuare il positivo.

- Nel complesso, ti senti positivo su te stesso e sul tuo futuro?
- Quando ascolti la tua voce interiore, è di supporto?
- Hai visualizzato un saggio avvocato?

4. Affronta le tue paure

La paura è naturale e persino utile, perché ci aiuta a evitare situazioni potenzialmente dannose. Se non controllata, può però dominarci e farci evitare il cambiamento e la sfida. A volte è difficile riconoscere quando la paura ci trattiene dal fare qualcosa che ci aiuterebbe a raggiungere i nostri obiettivi. Possiamo raccontare a noi stessi di essere prudenti o cauti, ma in realtà siamo bloccati dalla paura.

Una volta riconosciuta, la paura può essere attenuata utilizzando tecniche ben note. Queste strategie implicano l'esplorazione delle radici delle nostre paure e l'adozione di strategie per diminuirne l'impatto.

- Riesci a pensare a un'occasione in cui la paura ti ha impedito di raggiungere qualcosa?
- Hai usato le tecniche per affrontare le tue paure e quelle di pre-mortem per diminuire la paura?

5. Mettiti a tuo agio con il rischio

Fare cambiamenti positivi comporta quasi sempre un certo livello di rischio. Non stiamo parlando del tipo di rischio associato alla guida troppo veloce o al gioco d'azzardo sconsiderato, ma del rischio di fallire. Affrontarlo è inevitabile se si vogliono apportare cambiamenti positivi nella propria vita, ma molte persone trovano che qualsiasi tipo di rischio sia una prospettiva spaventosa.

Il cervello può essere allenato ad accettare il rischio. Questo processo si chiama "desensibilizzazione", e non significa mica mettersi a fare paracadutismo o darsi a un hobby pericoloso. Basta fare lo sforzo di provare cose diverse ogni giorno. Trova un nuovo percorso per andare al lavoro, mangia qualcosa di diverso per pranzo, vai a bere qualcosa la sera con qualcuno di nuovo o impara una nuova abilità o capacità. Con questi piccoli cambiamenti, il cervello si abitua gradualmente a essere esposto al rischio di nuove esperienze.

- Riesci a pensare a un esempio in cui evitare il rischio ti ha portato a non fare qualcosa?
- Hai provato una nuova attività di recente per desensibilizzarti al rischio?

6. Affronta efficacemente il fallimento

Associato al rischio, c'è il fallimento. Se si prova qualcosa di nuovo, c'è la possibilità di fallire. Alcune persone lo usano come scusa per non provare. Forza mentale significa essere disposti ad accettare il fallimento, a imparare da esso e ad andare avanti.

L'apprendimento più significativo e utile nella vita viene dal fallimento. Il fallimento può insegnarci dove abbiamo sbagliato, portandoci a capire come agire bene la prossima volta. Se sei aperto all'apprendimento, il fallimento può aiutarti a fare progressi verso i tuoi obiettivi. Non dare mai per scontata l'inevitabilità del fallimento e punta sempre al successo. Tuttavia, accetta che nessuno è perfetto e che potresti fallire lungo la strada.

- Consideri veramente il fallimento come un'opportunità di apprendimento?
- Riesci a pensare a un fallimento passato che ti ha portato al successo?

7. Persisti

Raggiungere la padronanza è un prerequisito essenziale per il successo, in qualsiasi campo. Ma la padronanza richiede tempo e capacità di affrontare la noia e la ripetizione. Forza mentale significa capire che il tempo è necessario per raggiungere la padronanza. Forza mentale significa anche essere in grado di posticipare la gratificazione, sopportare gli inconvenienti a breve termine e lo sforzo ripetitivo per raggiungere obiettivi a lungo termine.

Persistenza significa anche affrontare efficacemente il fallimento, usandolo come un'opportunità di apprendimento che ci permetterà di fare progressi verso i nostri obiettivi. Il più delle volte rinunciamo perché non abbiamo un obiettivo sufficientemente potente da tenerci in pista.

- Hai mai rinunciato a qualcosa, pentendotene poi?
- I tuoi obiettivi ti fanno andare avanti anche quando le cose si fanno difficili?

8. Sappi quando smettere

La persistenza è necessaria, ma deve essere temperata dalla consapevolezza che a volte smettere è l'opzione migliore. La paura può farci continuare a fare qualcosa molto tempo dopo che è chiaro che l'attività non ci sta portando più vicino ai nostri obiettivi. Il tempo è limitato, e devi costantemente rivedere ciò che stai facendo e ciò che stai ottenendo col tuo lavoro. Se qualcosa non è produttivo, fermati, impara e vai avanti.

Fermarsi dev'essere una decisione consapevole. Tu ne sei responsabile proprio come lo sei di ogni altro aspetto della tua vita. Non lasciare che le cose vadano alla deriva. Abbi il controllo e decidi tu quando continuare e quando smettere. Mai fermarsi solo perché continuare è difficile o faticoso. Fermati perché continuare non ti aiuta a progredire verso i tuoi obiettivi.

- Hai mai continuato a fare qualcosa anche se non era produttivo?
- Se stai pensando di smettere, hai esaminato le tue ragioni?

9. Pensa come un Royal Marine

L'addestramento dei Royal Marines enfatizza quattro qualità che si sommano alla forza mentale. Si tratta di unità, umiltà, adattabilità e forza d'animo. L'adattabilità consiste nel vedere opportunità nell'incertezza, nell'essere disposti a correre rischi e nel trarre vantaggio dall'apprendimento derivante dal fallimento. La forza d'animo riguarda la persistenza, il continuare ad andare avanti quando si è stanchi, scoraggiati o demotivati.

Le altre due qualità sono altrettanto importanti, ma sono spesso trascurate come elementi della forza mentale. Unità significa essere altruisti, orientati alla squadra, empatici e solidali. Umiltà significa accettare che ci sono sempre cose che si possono imparare e sempre aree in cui si può migliorare.

Essere mentalmente forte significa possedere <u>tutte e quattro</u> le qualità.

- Possiedi unità, umiltà, adattabilità e forza d'animo?

10. Agisci

«L'inazione genera dubbio e paura. L'azione genera fiducia e coraggio. Se vuoi vincere la paura, non startene a casa a pensarci. Esci e datti da fare».

Dale Carnegie

Non avrai mai successo solo pensando a ciò che potresti cambiare. Il successo viene solo dall'azione. Ora sai cosa fare per sviluppare la forza mentale di cui hai bisogno per avere successo. Ora devi agire. Per renderlo possibile, hai bisogno di progetti.

Gli obiettivi identificati nell'esercizio 9 sono essenziali. Sono quelli per cui stai lavorando, e ti aiutano a rafforzare la forza di volontà e l'autodisciplina nei momenti difficili. Ma hai anche bisogno di piani a breve termine che ti aiutino a progredire verso quegli obiettivi a lungo termine. Potresti avere un tuo metodo personale per creare progetti, ma come rispondi alle seguenti domande?

- Hai fatto un piano per i prossimi tre mesi? Il progetto dovrebbe includere gli obiettivi da realizzare, che supportano i tuoi obiettivi a lungo termine. Questi obiettivi possono includere l'apprendimento di nuove abilità, la pratica di nuove capacità come l'unità, l'umiltà e l'empatia, e l'applicazione del pensiero positivo. Alla fine dei tre mesi, esamina i progressi e fai un nuovo piano per i tre mesi successivi. Decidi su cosa continuerai a lavorare e cosa abbandonare. Se hai sperimentato dei fallimenti, pensa a cos'hai imparato dagli insuccessi e a cosa farai per evitare questi stessi insuccessi in futuro.

- Hai fatto un piano per il prossimo mese? Il progetto mensile dovrebbe identificare almeno un comportamento che vuoi cambiare usando la neuroplasticità auto-diretta. Non importa quale comportamento scegli. Può essere qualcosa di semplice, come fare il letto per prima cosa ogni mattina o arrivare al lavoro con quindici minuti d'anticipo. La cosa importante è riconoscere di poter cambiare comportamento e che, mantenendo il nuovo comportamento positivo, quest'ultimo diventerà un'abitudine. Cerca di puntare ad almeno un nuovo comportamento positivo ogni mese. Esamina i risultati alla fine di ogni mese e vedi se sei riuscito a cambiare. Una volta sicuro dell'approccio, puoi iniziare a usarlo per crearti nuovi comportamenti – magari volti alla desensibilizzazione dal rischio, ad affrontare le paure, a costruire forza di volontà e autodisciplina, a pensare in modo positivo e a persistere.

- Stili una lista di "cose da fare" ogni giorno? Quando si cerca di costruire la forza mentale e allo stesso tempo si lavora, si hanno relazioni e si trova il tempo per gli hobby e l'esercizio fisico, è fin troppo facile sentirsi sopraffatti. Un buon modo per assicurarsi di usare il proprio tempo in modo efficace è quello di stilare una lista, come prima cosa, dei compiti che si vogliono completare in giornata. Puoi scrivere la lista su carta o usando un'applicazione. Includi compiti per costruire la forza mentale, come desensibilizzarti al rischio provando nuove esperienze.

- Rivedi i progressi ogni giorno? Alla fine di ogni giorno, pensa a ciò che hai raggiunto, in particolare in termini di progresso verso i tuoi obiettivi e di adozione delle abitudini di forza mentale. Pensa a come un nuovo comportamento ti ha permesso di rispondere più efficacemente a una situazione sul lavoro o nella tua vita personale. Festeggia il successo e il raggiungimento di traguardi importanti. Se completi un compito particolare o raggiungi una nuova abilità, fatti un regalo.

Esercizi

Esercizio 1: i nemici della forza mentale

Nel capitolo 2 abbiamo esaminato sette stati d'animo che inibiscono la forza mentale. Sono:

- autocommiserazione

- insicurezza

- pigrizia

- perfezionismo

- paura

- emozioni negative

- credenze autolimitanti

Concediti cinque minuti per lavorare sulla lista ed evidenziare quelli che ti hanno colpito. Sii sincero. Superare questi stati d'animo rientra tra le sfide più importanti da superare nel viaggio verso la forza mentale. È importante identificare le sfide su cui c'è da lavorare.

Cerca di identificare gli stati d'animo che sono diventati risposte abituali. Ti arrabbi sempre quando le cose non vanno come vuoi tu? O ti senti dispiaciuto per te stesso? Ora scrivi quelli che hanno il maggior impatto sulla tua vita. Non preoccuparti: non condividerai questi appunti con nessun altro. Magari torna su questo esercizio più tardi, per vedere se sei migliorato.

Esercizio 2: emozioni negative

Questo esercizio richiederà un po' più di tempo, ma è importante riconoscere e identificare le emozioni che si provano.

Per prima cosa, pensa a come reagisci quando le cose vanno male. In particolare, pensa a quali emozioni provi. Il fallimento ti fa arrabbiare? Ti genera ansia? Paura? Sensi di colpa? Scrivi le emozioni che provi. Probabilmente ce ne sarà più di una, quindi prenditi il tempo per pensarci attentamente e assicurati di identificarle tutte.

Ora, accanto a ogni emozione scrivi come quell'emozione ti ha fatto agire. La rabbia ti ha fatto comportare in modo sgradevole nei confronti di un collega o di un amico? L'imbarazzo ti ha fatto giurare di non metterti mai più nella stessa situazione? La gelosia ti ha fatto agire in modo crudele nei confronti di qualcun altro? Non esistono risposte giuste o sbagliate. Ognuno risponde in modo diverso; alcune delle cose che stai descrivendo potrebbero farti rabbrividire, ma hai bisogno di sviluppare la capacità non solo di capire come ti senti ma di pensare a come questo ti fa agire.

Ora, scrivi come eviterai di comportarvi allo stesso modo in futuro. Se la rabbia è un problema che ti porta a sfogarti, pensa a delle strategie per cambiare. Fai un respiro profondo, conta fino a dieci, qualsiasi cosa funzioni per te. Se il problema è l'imbarazzo, cosa puoi fare per ridurre questa emozione in futuro?

Non rientra tra gli scopi di questo libro fornirti strategie per affrontare ogni singola emozione. L'esercizio serve invece per cominciare a pensare alle emozioni negative. Se riesci a farlo in modo oggettivo, ti ritroverai a rispondere in modo diverso la prossima volta che proverai quell'emozione.

Esercizio 3: empatia

Pensa all'ultima occasione in cui un amico, un collega o un partner è stato infelice. Capisci veramente cosa stava causando la loro infelicità? Riesci a identificare le emozioni che stava vivendo e a capire cos'ha causato quei sentimenti? Ora pensa alle risposte a queste domande:

- Nelle stesse circostanze, quali emozioni avresti provato? Sarebbero state le stesse? In caso contrario, perché no?

- Come avresti reagito a quelle stesse emozioni? Diversamente? Perché?

- La risposta sarebbe stata ragionevole ed efficace? Ci sarebbero stati modi migliori di rispondere?

- Pensa a qualcuno che ammiri (non importa se lo conosci, né se la persona è reale). Come avrebbe risposto nella stessa situazione? Sarebbe stato un modo migliore di rispondere? Come puoi agire in modi più simili a quelli della persona che ammiri?

Prenditi il tempo di pensare a quanta empatia hai. Sei sicuro di capire le emozioni che l'altra persona stava provando? Sei in grado di metterti nei suoi panni e di pensare alle sue azioni senza essere giudicante? In breve, sei empatico? In caso contrario, forse è il caso di lavorare su un incremento della tua empatia.

Per maggiori dettagli, puoi provare a fare un test dell'intelligenza emotiva. Ne troverai molti online. Cerca di usarne uno di un'organizzazione rispettabile, come quelli forniti da *Psychology Today* o dall'*Institute for Health and Human Potential,* e rifletti sui risultati che ottieni.

Esercizio 4: affrontare il fallimento

Prenditi il tempo di descrivere nel dettaglio cinque recenti fallimenti nella tua vita. Possono essere grandi o piccoli, qualsiasi cosa, dal non riuscire a fare buca a golf al non riuscire a ottenere un contratto importante.

E ora la parte difficile: descrivi la tua risposta a quei fallimenti. Scrivi se quei fallimenti hanno provocato capricci, negazione, senso di colpa o dubbi su di te. Pensa a quali erano le tue emozioni e a come ti hanno fatto agire. Sii completamente onesto e includi quanti più dettagli possibile.

Come avresti potuto agire in modo diverso e più costruttivo? Per ogni fallimento, scrivi almeno un'idea su come avresti potuto reagire in modo più positivo. Cos'hai imparato da ogni fallimento?

La speranza è che tu possa vedere che cambiamenti relativamente piccoli nel comportamento in seguito a un fallimento possono fornire un modo molto più positivo di andare avanti.

Esercizio 5: dare un nome alla paura

Quando si ha paura è difficile essere obiettivi, ma è proprio quello che bisogna fare per dare un nome alle proprie paure. Pensa a un'attività che stai rimandando o che non riesci proprio a iniziare. E ora svolgi questi due brevi compiti di scrittura:

- Scrivi un resoconto dell'attività che descriva cosa devi fare e perché la stai evitando. Scrivilo come se dovesse essere letto da qualcuno che non ti conosce e che non sa nulla del compito.

- Ora scrivi un breve pezzo persuasivo contro l'esecuzione del compito in questione. Sii il più descrittivo possibile. Includi i punti positivi, ma cerca di convincere il lettore che svolgere il compito è una cattiva idea.

Come ti senti ora di fronte al compito? Le paure senza nome, le paure dell'ignoto, sono le più distruttive e insistenti. Solo prendersi il tempo di guardare obiettivamente ciò che si teme può effettivamente far diminuire la paura.

Esercizio 6: qual è la cosa peggiore che può succedere?

Questa tecnica implica l'applicazione di un po' di immaginazione, e può anche essere divertente – pur se in modo inquietante.

Pensa a qualche nuova idea o a un diverso corso d'azione che stai considerando.

Prenditi il tempo di pensare alla peggiore posizione in cui potreste trovarti seguendo questa nuova idea. Non trattenerti. Sii drammatico ed esagerato quanto vuoi. Visualizzati da senzatetto sotto un ponte, abbandonato dal partner dopo il pignoramento di casa e auto. E nevica, pure.

- Come ci sei arrivato?

- In particolare, quali sono state le decisioni e le scelte che hai fatto che ti hanno portato a quella situazione? Scrivi la tua risposta.

- Come avresti potuto prendere decisioni diverse che avrebbero evitato lo scenario peggiore? Scrivi le tue risposte.

Affrontare le proprie paure immaginando il peggio possibile aiuta le persone a superare la paura da quando Seneca il giovane ha introdotto l'idea duemila anni fa. Può aiutare anche te.

Esercizio 7: test di umiltà

Come fai a sapere se hai umiltà? Leggi le seguenti affermazioni e pensa a una situazione recente in cui sei stato coinvolto, con successo o meno. Può riguardare il lavoro o la vita privata, ma dovrebbe essere qualcosa che ha portato a una discussione su ciò che è successo.

Ho fatto un casino. È colpa mia. Mi dispiace.

- Dimmi dove ho sbagliato.
- Non so bene cosa fare e ho bisogno di aiuto.
- Come posso rendermi utile?
- So che ho cose da imparare e spazio per migliorare.
- Hai fatto bene.
- Non posso prendermene il merito.
- Sto ascoltando...

Puoi immaginare di fare una di queste affermazioni come parte della discussione dopo l'evento? Ad alta voce e di fronte ad altre persone? Davvero? Sii onesto, perché molti di noi faticano a elogiare, ad ammettere il fallimento o che si ha bisogno di aiuto.

Se riesci a immaginare di pronunciare queste affermazioni, e ancora meglio se lo fai regolarmente, allora congratulazioni: sei già umile. Se invece non riesci proprio a immaginarlo, forse hai un problema. Forse si sta mettendo in mezzo l'ego. Se non vedi alcun motivo di pronunciare queste affermazioni perché tu non commetti mai errori, non hai nulla da imparare e non hai mai bisogno di aiuto, allora ti manca umiltà.

Per incrementare l'umiltà, potresti fare uno sforzo cosciente per usare queste affermazioni (o altre simili) la prossima volta che ti ritrovi coinvolto nella discussione su un successo o un fallimento.

Esercizio 8: cos'hai imparato oggi?

Prenditi qualche momento alla fine della giornata per scrivere ciò che hai imparato quel giorno. Non deve essere qualcosa di grande. Hai imparato una nuova parola o frase, hai imparato qualcosa di nuovo su un argomento che ti interessa, hai trovato un nuovo percorso di lavoro, hai imparato qualcosa di nuovo su un collega o partner?

Praticamente in ogni giorno imparerai qualcosa di nuovo. Generalmente non ti accorgerai nemmeno di imparare, a meno che non ti fermi a pensare attentamente alla nuova conoscenza fatta. Pensare a ciò che si sta imparando rafforza due fatti importanti su di sé: si acquisiscono nuove esperienze e conoscenze ogni giorno e si ha sempre la capacità di imparare e migliorare. Qualità essenziali dell'umiltà.

Esercizio 9: fissare obiettivi personali

L'esercizio 9 è complesso, quindi non avere fretta.

Comincia a pensare a cosa vuoi raggiungere nei prossimi dieci anni. Questo obiettivo può essere ampio e abbastanza vago. È solo il punto di partenza. Sii sincero. Non condividerai gli obiettivi con nessuno. Scrivere è un ottimo modo per chiarirsi le idee. Non sentirti obbligato a dire che vuoi aiutare le persone e rendere il mondo un posto migliore. Gli obiettivi devono essere importanti per te. Se sei davvero appassionato di filantropia, fantastico. Ma se il tuo obiettivo è qualcosa di più egoistico, come possedere un'auto sportiva, comprare una casa al mare o ritirarti in sicurezza finanziaria, va bene anche questo. Questi obiettivi devono essere rilevanti e motivanti per te, non per qualcun altro.

Poi devi identificare gli obiettivi SMART di cui hai bisogno per raggiungere l'obiettivo decennale. Magari suddividili ulteriormente tra obiettivi da raggiungere nel prossimo mese o due e obiettivi che richiedono più tempo. Alcuni possono anche essere sequenziali e dipendenti. Magari vuoi una promozione sul lavoro, ma prima potresti aver bisogno di una qualifica aggiuntiva, per esempio.

Concediti il tempo di scrivere gli obiettivi. Illustrane ciascuno nel dettaglio. Sii chiaro su ciò che vuoi ottenere, su come lo otterrai e su quando vuoi che sia completato.

La lista degli obiettivi diventerà sia la tua tabella di marcia verso il futuro sia la tua motivazione. Costruire la forza mentale richiederà tempo e sforzi sostenuti. Il desiderio di raggiungere gli obiettivi è ciò che ti porterà avanti. Sono abbastanza importanti da renderti disposto a dedicare tempo e sforzi al loro raggiungimento? In caso contrario, magari rivedi la lista diverse volte, finché non avrai identificato il tuo obiettivo di vita.

Fissare questi obiettivi ti aiuterà anche a sviluppare l'abilità di posticipare la gratificazione. Se sai di lavorare verso obiettivi definiti e chiari a lungo termine, è molto più facile resistere alla tentazione ed evitare la pigrizia.

Una volta terminato, conserva la lista in un posto sicuro. Ci tornerai in futuro. Almeno ogni tre mesi, o più spesso se ne senti il bisogno, rivedi la lista di obiettivi. Sono tutti ancora rilevanti e motivanti? In caso contrario, considera la possibilità di cambiare gli obiettivi esistenti o di aggiungerne di nuovi. Durante la revisione, annota per ogni obiettivo i progressi fatti per raggiungerlo.

Esercizio 10: cose di cui essere grati

Scrivi cinque cose di cui sei grato. Sii creativo. Sii grato per la salute, per il bel tempo, per un lavoro che ti permette di mantenere la famiglia, per un partner affettuoso, per una vita in un luogo non rovinato dalla guerra o dalla carestia. Nella vita di ciascuno di noi ci sono molte cose di cui essere grati. Dedicare tempo alla gratitudine è un modo potente per bandire i sentimenti di autocommiserazione.

Esercizio 11: autodisciplina

Scrivi cinque cose che trovi difficile fare ogni giorno. Si può trattare di qualsiasi cosa, dall'alzarsi dal letto in tempo al lavare i piatti dopo cena al tenere in ordine la casa. Tutti abbiamo cose che preferiremmo non fare, ma siamo così abituati a non farle o a rimandarle che non ne siamo quasi più consapevoli. Ecco perché ci sorprendiamo quando ci ritroviamo con un lavandino pieno di piatti sporchi e un appartamento che sembra attraversato da un ciclone.

Ora stila un'altra lista di cinque cose che probabilmente non dovresti fare ma a cui ti è difficile resistere. Puoi includere qualsiasi cosa, dallo spuntino dolce col caffè del mattino alla serata passata davanti alla televisione al drink dopo il lavoro ogni sera.

Ora dai un'occhiata alle liste e scegli una voce da ciascuna. D'ora in poi, il compito che trovi difficile da fare lo farai subito, ogni giorno. Farai uno sforzo cosciente per resistere alle tentazioni.

Dopo aver resistito alla tentazione e aver svolto un compito che normalmente eviti per un mese, come ti senti? Non ti pare di avere la capacità di prendere in mano la situazione, di essere in controllo del tuo destino? Non ti pare di star bene? Ora immagina di estendere questa sensazione ad altre parti della tua vita.

La buona notizia è che attraverso questi piccoli passi stai costruendo la tua forza di volontà e la tua autodisciplina e, come imparerai, stai effettivamente ricablando il tuo cervello. Un passo alla volta puoi cambiare la tua vita per raggiungere gli obiettivi a lungo termine.

Esercizio 12: noia

Scrivi cinque emozioni negative che associ alla noia. Prenditi il tempo per pensare veramente a questi sentimenti, ma puoi includere cose come:

- frustrazione

- irrequietezza

- pessimismo

- rabbia

- ansia

Pensa a un'attività specifica che ti provoca noia. Considera i benefici positivi che quell'attività porta e i potenziali effetti negativi del non farla. Sarai in grado di capire perché vale la pena sopportare le emozioni a breve termine causate dalla noia per i benefici a lungo termine dell'attività. Dovresti essere in grado di farlo per qualsiasi attività che trovi noiosa.

Esercizio 13: capire quando fermarsi

Pensa a tre volte in passato in cui hai abbandonato una cosa che non avresti dovuto fare. Pensa a cosa sarebbe servito da parte tua per continuare, invece.

Ora pensa a tre volte in passato in cui hai portato avanti una cosa oltre il momento in cui era produttiva o utile, momenti in cui sarebbe stato meglio smettere. Cos'è che ti ha fatto continuare quando avresti dovuto smettere?

Questo esercizio non riguarda il soffermarsi sugli errori del passato: si tratta di riconoscere che non c'è una regola fissa e veloce sull'identificazione del buon momento per abbandonare. Impara a valutare obiettivamente il beneficio rispetto allo sforzo e concentra la tua energia su ciò che porterà il maggior beneficio.

Esercizio 14: ascoltare e dirigere il critico interiore

Per una settimana, annota esempi di discorsi negativi del tuo critico interiore. Ascoltare chiaramente quella voce non sarà facile. Devi stare proprio attento. Se ti senti apprensivo, poco sicuro di te o semplicemente riluttante a fare qualcosa, potrebbe essere perché la voce interiore ti ha suggerito problemi e potenziali fallimenti. Non importa se i problemi sono grandi, piccoli o semplicemente irritanti. Prova a fare una lista di almeno dieci esempi di quando la tua voce interiore ha tentato di bloccarti o minarti.

Alla fine della settimana, o quando hai scoperto dieci esempi, fermati e leggili. C'era qualcosa di vero in quello che diceva la voce interiore? Spesso no. Le cose che questa voce dice hanno lo scopo di provocare una risposta emotiva, e spesso non reggono a un esame logico. Quando la tua voce interiore ti dice "Tu fallisci sempre", per esempio, spesso non è vero. Se ti prendi il tempo di pensarci, puoi trovare molti esempi di successi, malgrado quello che ti suggerisce la voce. Usa la tecnica di immaginare che sia un amico a parlarti piuttosto che la voce interiore, e immagina la tua risposta.

Dovresti essere in grado di capire che ciò che dice il critico interiore spesso non è né vero né utile. Ogni volta che rifiuti un messaggio negativo dal tuo critico interiore, il danno potenziale all'autostima e alla fiducia viene evitato. Se riesci a continuare a riconoscere e rifiutare questi messaggi negativi, col tempo la tua voce interiore cambierà, e la troverai sempre più solidale e utile.

Esercizio 15: identificare un comportamento da cambiare

Questo esercizio è simile all'11, ma diverso nell'effettiva conferma della tua capacità di ricablare il cervello. Rifletti su qualche aspetto del tuo comportamento che vorresti cambiare per aumentare la tua forza mentale. Non deve essere chissà che. Magari ti piacerebbe tenere la casa in ordine o rifare il letto al risveglio. Magari non lasciare i piatti sporchi nel lavandino, o alzarti un po' prima per non correre sempre al lavoro, o non mangiare un sacchetto di patatine a pranzo ogni giorno.

Ora pensa a cosa devi fare per cambiare questo comportamento. Nella maggior parte dei casi, è abbastanza evidente. Lo sai già. Il problema generalmente consiste solo nel trovare la volontà di farlo. Impegnati con te stesso a intraprendere il nuovo comportamento e a mantenerlo per almeno un mese.

Non devi fare altro. Cambiare comportamento è davvero facile: basta fare qualcosa di nuovo finché non diventa un'abitudine. Sembra troppo semplice, ma funziona davvero ed è sostenuto da sviluppi relativamente recenti in psicologia e neurobiologia. Puoi davvero riqualificare il cervello per farlo funzionare come vuoi tu. Se vedi che l'approccio funziona su un aspetto della tua vita, otterrai la fiducia necessaria per estenderlo a tutto ciò che fai.

Conclusione

La forza mentale è un termine usato spesso ma poco compreso. Molti pensano che significhi essere egoisti, senza emozioni o addirittura senza paura. In verità, non significa nessuna di queste cose, come ora avrai capito chiaramente. La forza mentale non è una singola abilità, ma piuttosto un approccio che può farti attraversare le peggiori sorprese della vita. Ti aiuta anche nel lavoro, nelle relazioni e persino negli hobby. La forza mentale è un prerequisito per il successo in qualsiasi campo.

Tuttavia è complessa, e non c'è una semplice lista di controllo da usare per valutare se sei mentalmente forte. Gli elementi più importanti sono:

- **Fissare obiettivi raggiungibili.** Hai bisogno di motivazione per sostenere la forza di volontà e l'autodisciplina. Questa motivazione viene dall'avere obiettivi chiari per i quali si sta lavorando. Devono contare profondamente per te, e devono sostenerti anche quando le cose si fanno difficili.
- **Prendere il controllo.** Avere il controllo inizia con il riconoscere che ci sono cose che si possono cambiare e cose che non si possono cambiare, e concentrare il proprio tempo e la propria energia sulle prime. Significa capire di avere scelta quando si parla di cedere a emozioni quali l'autocommiserazione e la negatività. Significa capire che si può scegliere di essere attivo e cambiare le cose di cui non si è felici o che si può

essere passivo e lamentarsi sempre. Una scelta cambierà la tua vita. L'altra ti lascerà deluso e amareggiato.

- **Superare le emozioni negative.** Ci sono momenti in cui tutti provano rabbia, delusione, frustrazione, gelosia o persino disperazione. Forza mentale significa non permettere a queste emozioni negative di dominarti. Significa fare uno sforzo cosciente per aumentare l'influenza delle emozioni positive, come la compassione, la speranza e la gioia. Significa rimanere ottimisti nonostante le battute d'arresto e imparare dal passato senza esserne controllati. Non si può essere mentalmente forti senza imparare il pensiero positivo.
- **Sapere che la padronanza richiede tempo.** Se si vuole diventare abili in qualcosa, bisogna ripeterla. Non ci sono scorciatoie, e la ripetizione di solito comporta noia. Devi accettare questo e il fatto che l'inconveniente e l'irritazione a breve termine sono esperienze inevitabili sulla strada del successo a lungo termine.
- **Essere disposti a rischiare.** Se si vuole essere sicuri di non fallire mai, c'è solo un modo certo: non provare mai. Forza mentale significa essere disposti a rischiare il fallimento perché lo si riconosce necessario per avvicinarsi al successo.
- **Affrontare efficacemente le battute d'arresto.** Superare le battute d'arresto implica imparare ad affrontare la paura e i problemi. Implica pure vedere opportunità di apprendimento anche nel fallimento. Richiede anche di essere resilienti e

persistenti, pur accettando che potrebbe arrivare un momento in cui abbandonare è l'opzione migliore.
- **Essere disinteressati.** Forza mentale significa sapere cosa si vuole e lavorare per quell'obiettivo. Questa dedizione non significa essere egoisti. Lavorare per sostenere e far progredire altre persone è sempre importante. Le persone di maggior successo emergono dalle squadre di maggior successo.
- **Rimanere umili.** A prescindere dai successi personali, non denigrare mai gli altri e non smettere di credere che ci sia spazio per migliorare. L'arroganza non ha posto nella forza mentale, e porta a una mancanza di progresso.

Se guardi praticamente qualsiasi persona di successo in qualsiasi campo, vedrai tutte queste qualità. La buona notizia è che queste abilità non sono innate. Possono essere apprese e sviluppate.

Sfortunatamente, la forza mentale non garantisce il successo in tutto ciò che si fa. Tuttavia la mancanza di forza mentale garantisce l'insuccesso. Se vuoi veramente cambiare la tua vita, adottare la forza mentale è un ottimo punto di partenza.

Se non sei felice della tua vita in questo momento, non hai che due scelte. O aspetti un colpo di fortuna, o sviluppi la forza mentale per capire cosa vuoi e sviluppare le capacità di cui hai bisogno per ottenerlo. Solo uno di questi approcci porterà un miglioramento sicuro nella tua vita.

Quale scegli?

IL TUO REGALO

Vorremmo farti un regalo per ringraziarti di aver acquistato questo libro. Puoi scegliere tra uno qualsiasi degli altri nostri titoli pubblicati.

Puoi avere accesso immediato a qualsiasi nostro libro cliccando sul link qui sotto e iscrivendoti alla nostra mailing list:

https://campsite.bio/mastertoday

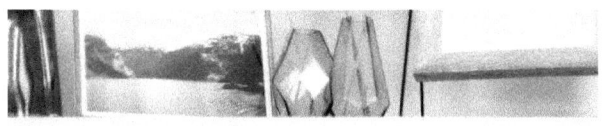

Lightning Source UK Ltd.
Milton Keynes UK
UKHW020640160123
415428UK00016B/883